“十二五”职业教育国家规划教材
经全国职业教育教材审定委员会审定

现代推销技术

总主编　韩鸿鸾　李常峰
主　编　任惠霞　毛岳军　张云清

北 京 出 版 社
山东科学技术出版社

图书在版编目（CIP）数据

现代推销技术／任惠霞，毛岳军，张云清主编. —
济南：山东科学技术出版社，2015
“十二五”职业教育国家规划教材. 机电设备安装与
维修专业
ISBN 978-7-5331-7810-9

Ⅰ. ①现… Ⅱ. ①任… ②毛… ③张… Ⅲ. ①推
销—中等专业学校—教材 Ⅳ. ①F713.3

中国版本图书馆 CIP 数据核字(2015)第 136163 号

现代推销技术

总主编　韩鸿鸾　李常峰
主　编　任惠霞　毛岳军　张云清

主管单位：北京出版集团有限责任公司
山东出版传媒股份有限公司
出 版 者：北京出版集团公司　北京出版社
山东科学技术出版社
地址：济南市玉函路 16 号
邮编：250002　电话：(0531)82098088
网址：www.lkj.com.cn
电子邮件：sdkj@sdpress.com.cn
发 行 者：北京出版集团公司
地址：北京北三环中路6号
邮编：100120　电话：(010) 58572393
印 刷 者：北京市通县华龙印刷厂

开本：787mm×1092mm　1/16
印张：10.5
版次：2015年7月第1版　2015年11月第2次印刷

ISBN 978-7-5331-7810-9
定价：23.00 元

编审委员会

编写说明

加强职业教育教材建设是提高人才培养质量的关键环节，是推进教育教学改革，提高教育教学质量，促进中职教育发展的基础性工程。如何培养满足企业需求的人才，是职业教育面临的一个突出而又紧迫的问题。目前中职教材普遍存在理论偏重、偏难、操作与实际脱节等弊端，突出的是以“知识为本位”而不是以“能力为本位”的理念，与就业市场对中职毕业生的要求相左。

为进一步贯彻落实全国教育工作会议精神、《国务院关于加快发展现代职业教育的决定》（国发［2014］19号）、《现代职业教育体系建设规划（2014－2020年）》（教发［2014］6号），北京出版社联合山东科学技术出版社结合机电设备安装与维修专业各中职学校发展现状及企业对人才的需求，在市场调研和专家论证的基础上，打造了反映产业和科技发展水平、符合职业教育规律和技能人才培养的专业教材。

本套专业教材以教育部最新公布的《中等职业学校机电设备安装与维修专业教学标准（试行）》为指导思想，以中职学生实际情况为根据，以中职学校办学特色为导向，与具体的专业紧密结合，按照“基于工作流程构建课程体系”的建设思路（单元任务教学）编写，根据机电设备安装与维修行业的总体发展趋势和企业对高素质技能型人才的要求，构建与机电设备安装与维修专业相配套的内容体系，涵盖了专业核心课和部分专业（技能）方向课程。

本套教材在编写过程中着力体现了模块教学理念和特色，即以素质为核心、以能力为本位，重在知识和技能的实际灵活应用；彻底改变传统教材的以知识为中心、重在传授知识的教育观念。为了完成这一宏伟而又艰巨的任务，我们成立了教材编写委员会，委员会的成员由具有多年职业教育理论研究和实践经验的高校教师、中职教师和行业企业一线专业人士担任。从选题到选材，从内容到体例，都从职业化人才培养目标出发，制定了统一的规范和要求，为本套教材的编写奠定了坚实的基础。

本套教材的特点具体如下。

一、教学目标

在教材编写过程中明确提出以“工学结合，理实一体”为编写宗旨，以培养知识与技能目标，避免就理论谈理论、就技能教技能，要做到有的放矢。打破传统的知识体系，将理论知识和实际操作合二为一，理论与实践一体化，体现“学中做”和“做中学”。让学生在做中学习，在做中发现规律，获取知识。

二、教学内容

一方面，采用最新颁布的规范、标准，合理选取内容，在突出主流标准、规范和技术的同时兼顾普适性；另一方面，结合新知识、新工艺、新材料、新设备的现实发展要求增删、更新教学内容，重视基础内容与专业知识的衔接。通过学习，学生能更有效地建构自己的知识体系，更有利于知识的正迁移。让学生知道“做什么”“怎么做”“为什么”，使学生明白教学的目的，并为之而努力，这才能切实提高学生的思维能力、学习能力、创造能力。

三、教学方法

教材教法是一个整体，在教材中设计以“单元—任务”的方式，通过案例载体来展开，以任务的形式进行项目落实等教学内容，每个任务以“完整”的形式体现，即完成一个任务后，学生可以完全掌握相关技能，以提升学生的成就感和兴趣。体现以学生为主体的教学方法，做到形式新颖。通过“教、学、做”一体化，按教学模块的教学过程，由简单到复杂开展教学，实现课程的教学创新。

四、编排形式

教材配图详细、图解丰富、图文并茂，引入的实际案例和设计的教学活动具有代表性，既便于教学又便于学生学习；同时，教材配套有相关案例、素材、配套练习答案光盘以及先进的多媒体课件，强化感性认识，强调直观教学，做到生动活泼。

五、编写体例

每个单元都是以任务驱动、项目引领的模块为基本结构。注重实操的教材栏目包括任务描述、任务目标、任务实施、任务检测、任务评价、相关知识、任务拓展、综合检测、单元小结等。其中，任务实施是教材中每一个单元教学任务的主体，充分体现“做中学”的重要性，以具有代表性、普适性的案例为载体进行展开；理论性偏强的教材设置了单元概述、单元目标、任务概述、任务目标、学习内容、案例分析、特别提示、拓展提高、思考练习等栏目，紧密结合岗位实际，突出了对学生职业素质和能力的培养。

六、专家引领，双师型作者队伍

本系列教材由北京出版社和山东科学技术出版社共同组织具有教学经验及教材编写经验的“双师型”教师编写，参加编写的学校有山东劳动职业技术学院、济南职业学院、威海职业学院、潍坊市科技中等专业学校、江西工业工程职业学院、武汉工业学校、武汉职业技术学院、江苏泰州职业技术学院，并聘请山东省教研室主任助理杜德昌及山东大学教授冯显英、岳明君担任教材主审，感谢上海航欧机电设备有限公司、山东常林机械集团股份有限公司给予技术上的大力支持。

本系列教材，各书既可独立成册，又相互关联，具有很强的专业性。它既是机电设备安装与维修专业组织教学的强有力工具，也是引导机电设备安装与维修专业的学习者走向成功的良师益友。

前　言

本书是根据教育部中职教材的编写总体要求，针对中职教育的特点，围绕市场营销职业岗位群的要求，以培养学生市场营销综合能力特别是创新能力和实践能力为主线，来确立该教材的内容体系。

该教材既注重理论知识的系统性，又强调其应用性，以满足我国中等职业教育培养应用型人才目标的要求，摒弃传统教材以理论知识为核心，以从理论到理论的阐述为章节结构的传统做法，在以下两个方面体现了创新性：

1. 教材内容的创新性

本教材在认真总结本课程教学实践的基础上，充分吸收国内外本学科理论研究和推销实践的新成果、新经验和新材料，阐述了推销要素、推销原则、推销方式、推销模式、推销管理等基本的推销理论知识；并从寻找与接近顾客、推销洽谈、顾客异议处理、成交与售后服务等推销流程方面进行了系统的阐述，并且还以一个单元的内容对推销人员所具备的素质，尤其是机电设备安装与维修专业的学生所具备的电气基本知识进行了论述。最后一个单元则以综合案例与实训的形式出现，以提高学生的分析能力和实践能力。本教材从推销的基本理论与实务两大方面，深入浅出地体现了现代推销学的内容体系，突出了以培养学生应用能力为主线的中职教育的特色。

2. 教材形式的创新性

本教材在对"理解""了解""掌握"的基本推销理论知识进行重点、扼要、完整论述的同时，在正文中增加了大量的实例、举例、拓展提高、补充阅读材料、小思考、图表等特色栏目。各个章节设计了"思考练习""案例分析""模拟训练"等栏目。全书的编写形式有始有终、开合有度、相得益彰，体现了教材形式的创新与特色。

教材共分为十个单元。第一、二单元为基础理论，主要介绍推销的要素、原则、模式、方格理论；第三单元介绍了机电专业基本知识与推销中的礼仪；第四至第九单元分别介绍了寻找顾客、推销接近、推销洽谈、异议处理、推销成交和售后服务与信息反馈；第十单元则是综合案例与实训。

本书由任惠霞、毛岳军、张云清担任主编，王忠、马鹏举担任副主编，苏聪聪、颜从从、史哲、闫沙沙、韩新红、周娟和刘月影参与编写。由于编写时间仓促，编者水平所限，书中难免存在疏漏之处，在此恳请有关专家和各位老师批评、指正。

编　者

目 录
CONTENTS

第一单元　推销概述

单元概述

本单元主要讲述推销的概念、特点及其作用，推销的要素，推销的原则与方式，以及推销的程序，是对推销基础知识的讲解，有助于中职学生对推销有一个全面的了解和认识。

单元目标

- 掌握推销的概念、要素、特点。
- 理解推销的作用、原则和方式。
- 明确推销的功能和程序。
- 能够熟练掌握面对不同推销任务分析推销要素的方法。

学习任务1 推销的含义

任务概述

本任务主要讲述推销的概念、特点和作用，有助于对推销的概念、特点以及作用有一个全面的认识和理解。

任务目标

- 理解推销的含义。
- 掌握推销的特点。
- 能全面分析推销的作用。

学习内容

一、推销的概念

一谈到推销，许多人认为推销就是要耍嘴皮子、跑腿，甚至要用高明的“骗术”鼓动消费者买东西。其实推销是一种古老而又普遍的经济现象。推销活动的产生可以上溯到六七千年以前原始社会的后期，由于生产力的发展，出现了剩余物质，需要交换。推销也就应运而生，至夏、商时期，推销已成为一个专门的职业。随着商品经济的发展和社会的变迁，推销的含义也在不断变化。在社会的不同阶段，人们对推销有不同的理解。

在现代来说，推销是企业拓展市场的利器，是商品价值最终实现的保证。研究推销这门学问，在现代商品经济社会里具有重要意义。

广义上人们理解的推销是一个活动主体试图通过一定的方法和技巧，使特定的对象接受某种事物或思想的行为。简单地说，推销就是说服他人接受自己的意见，或使他人按自己的意愿行事。

政治家说服人们接受其政治主张，军事家说服人们接受其军事主张，艺术家说服人们接受其审美表现，科学家说服人们接受其科学发现和科学主张，教育家说服人们接受其教育主张和教育内容，企业家说服人们接受其产品和服务，都是一种推销活动。例如我们熟知的名言，“在我们生命中的每一天，我们每一个人都是推销人员，我们都在向我们所接触的人推销我们的意念、计划、能力和热诚”“人人都是推销人员，人的一生都在推销”。可见,推销是人们生存的一项基本技能,由于生活和工作的需要,我们会不断把自己的观点和建议推销给亲友、同事和领导等,以获得他们的认识和理解。这种广义上的推销不是本书研究的对象。本书所要研究的是商品交换过程中的推销,即狭义的推销。

狭义的推销认为推销是指企业推销人员与顾客通过面对面的接触,运用一定的推销方法和技巧,将商品或劳务的信息传递给顾客,使其认识商品或劳务的性能、特征,引起注意,激发其购买欲望,实现购买行为的活动过程。

对于这一表述,我们可作如下理解:

1. 推销是一个活动过程

推销是一种复杂的活动过程。在这个过程中,商品所有权会发生转移,还包括买卖双方信息的双向沟通。卖方要向买方提供商品的性能、特点、价格等相关信息,买者向卖者反馈商品或者服务信息,卖方会提供技术、咨询等服务,而买方也会针对此寻求帮助,这个过程中包含了两者之间的感情交流。

2. 推销的核心在于激发并满足顾客的购买欲望和需求

现代市场营销观念认为,企业的经营活动要以顾客的需求为中心,因此,激发顾客的购买欲望,满足顾客的需求成为企业经营成功的关键所在。因此,企业在决定其生产经营时,必须进行市场调研,根据市场需求及企业本身条件选择目标市场,组织生产经营,最大限度地提高顾客满意程度。“尽我们最大的努力,使顾客的每一美元都能买到十足的价值和满意”。美国贝尔公司的高级情报部所作的一个广告,称得上是以满足顾客需求为中心任务的最新、最好的一个典范。

3. 推销的最终目的是实现购买行为

无论推销的过程多么复杂,最终目的还是与顾客达成交易。如果无法达成交易,推销也就毫无意义。推销是一个依靠业绩来评判能力的工作。同时,需要指出的是,推销人员不能单纯为了追求业绩而去损害顾客的利益,推销人员要促成交易,必须建立在买卖双方都满意的基础之上,即实现双赢。

4. 推销要依靠一定的方法和技巧

当今时代,是一个充满竞争的年代,无数的企业要生存。在众多的企业里脱颖而出,除了要有一个好的经营者决策策划以外,恐怕实施执行营销方案的还是直接与客户打交道的业务人员。日本推销之神原一平的座右铭:推销就是热情、就是战斗、就是勤奋地工作、就是忍耐、就是执著的追求、就是时间的魔鬼、就是勇气。在推销过程中,推销人员需要灵活运用各种技巧和方法,才能满足顾客的需求,以实现推销的最终目标。

二、推销的特点

从推销活动过程来看,具有下列特点。

1. 信息双向传递

推销人员在推销过程中不仅要向顾客传递有关商品的信息、企业的信息,而且要了解顾客的需求信息,听取顾客对推销品的意见和建议,从而构成一种信息的双向运动。这与广告等促销方式有明显区别。销售人员与顾客打交道,交往中会逐渐产生信任和理解,加深双方感情，建立起良好的关系，容易培育出忠诚顾客，稳定企业销售业绩。

2. 推销过程的完整性

从推销人员来说，从寻找顾客开始，到接触洽谈、说服诱导、达成交易、完成商品所有权的转移，还要从事送货、安装、维修等一系列跟踪服务，从而构成一个完整的推销过程。

从企业内部来说，推销的成功是企业各部门配合的结果，它包含了确定目标、市场调查、直至推销决策等一系列的环节。因此，商品销售不仅仅是销售部门和销售员的工作，它需要各部门的通力合作。

3. 推销活动的灵活性

与顾客的直接沟通是人员推销的主要特征。由于是双方直接接触，相互间在态度、气氛、情感等都能捕捉和把握，推销人员可以随时根据顾客的不同反应，有针对性地调整推销策略，解答顾客的疑问，灵活处理各种问题，满足顾客的不同需要。

当然，推销也存在不足，主要表现为：

1. 费用支出较大

由于推销直接接触的顾客有限，销售面窄，推销人员的开支较多，增大了产品销售成本。特别是目标市场比较分散时，为此而支付的交通、住宿、业务活动等项费用会是一个很大的数目。

2. 对推销人员的要求较高

推销的成效直接决定于推销人员素质的高低，尤其随着科技的发展，新产品层出不穷，市场竞争日益激烈，对推销人员的素质、能力提出了更高的要求。

三、推销的作用

无论是对社会、企业，还是对个人，推销都是非常重要的方式。

对于社会来说，推销能够促进生产发展和技术进步；能够繁荣市场经济，优化资源配置。

对于企业来说，推销能够推动企业生产，提高经济效益；能够及时获得市场，提高经营管理水平。

对于个人来说，推销能够促使推销人员提升自身素质，发挥个人潜能；能够创造更多的发展机会。

思考练习

1. 如何理解推销的含义？

2. 推销有哪些特点？

3. 简述推销对于社会、企业和个人的作用。

学习任务2 推销的要素

任务概述

本任务主要讲述推销的三要素以及推销三角理论,要求学生掌握推销三要素的内容。

任务目标

- 了解推销人员的含义、类型,掌握推销人员的职责。
- 了解推销品的概念,理解产品整体的概念。
- 掌握推销三要素之间的关系。
- 理解推销三角理论的内容。

学习内容

推销的要素是指构成推销活动的不可或缺的因素,它主要包括推销人员、推销对象、推销品等三大要素。推销过程中推销人员和推销对象是推销的主体,推销品是推销的客体。

一、推销人员

推销人员是指主动向推销对象销售商品的主体。推销人员是沟通企业与顾客的桥梁。常见的几种推销人员类型有:生产企业的推销人员,批发企业的供货员,零售企业的售货员,进出口企业的外贸人员,各类贸易公司的业务员,房地产公司的售楼员,保险公司的保单销售,银行、信托、金融服务、期货公司的经纪人和业务员,旅游娱乐业的业务员、导游员和服务员等等。

推销人员的职责主要有以下几个方面:

1. 收集信息,传递信息;
2. 销售产品,开拓市场;
3. 跟踪顾客,提供服务:包括建立客户档案、定期与客户联系、保存销售信息;
4. 树立良好的形象。

案例分析

在20世纪80年代的我国台湾，有三个大学生——小王、小周、小吴，他们毕业后在一家英国公司工作，他们都是做推销人员。小王把它当作自己的事业，坚持在实践中学习提高，经常花费双倍的时间，集中精力和脑力解决市场中的问题，积极思维，乐观开朗；小周也把它当作自己的事业，但往往为自己的失误找一些借口避免责任；小吴则把它当作谋生的手段，只完成公司规定的分内事。20年后，小王被一家公司聘为销售部门总裁，小周被一家公司聘为销售部门的负责人，小吴则在另一家公司仍然从事推销工作。

二、推销品

推销品指推销人员向推销对象推销的各种有形与无形商品的总称。推销品的类型有商品、服务和观念三种形式。

产品是指能够提供给市场，被人们使用和消费，并能满足人们某种需求的任何东西，包括有形的物品、无形的服务、组织、观念或它们的组合。产品一般可以分为三个层次，即核心产品、形式产品、延伸产品。

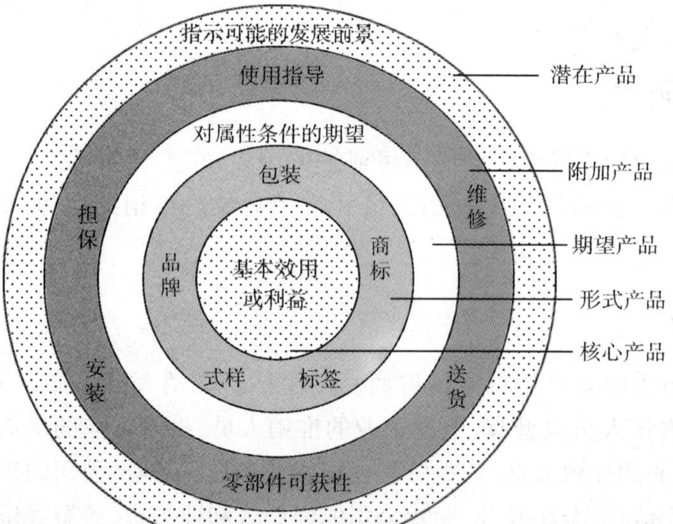

图1-1　产品概念的层次

对于推销人员来讲，其推销产品应该做到推销产品的基本效用、推销产品的使用价值观念、推销产品文化和企业文化。

三、推销对象

顾客是推销活动指向的对象。根据购买推销品的性质和使用目的的不同，顾客可以分为个体购买者和组织购买者。

个体购买者是为了满足个体或家庭生活的需要而购买或接受某种推销品的个人。个体购买者市场的特点主要有:消费者人数众多、市场供应范围广泛;交易数量小、交易次数多;消费特点各异、消费需求易变;需求弹性大、购买力流动快;购买决策情绪化、购买本质非盈利性。

组织购买者是指工商企业、政府部门和其他各种事业单位、群众团体,为加工制造产品、集团消费和再售给其他顾客所进行的购买。组织购买者市场的特点主要有:需求弹性小;购买量大;技术性强,多为专家购买;决策复杂,购买决策参与者多。

推销三要素的协调关系:推销人员位于主动和支配地位,顾客处于中心地位,推销品连接推销人员和顾客,借以满足顾客需求。

四、推销三角理论

推销三角理论(GEM 公式,吉姆公式)是阐述推销人员推销活动的3个因素:推销人员、推销的产品或服务、推销人员所在的企业之间的关系的理论,它是为推销人员奠定推销心理基础,激发推销人员的积极性,提高其推销技术的基础理论。

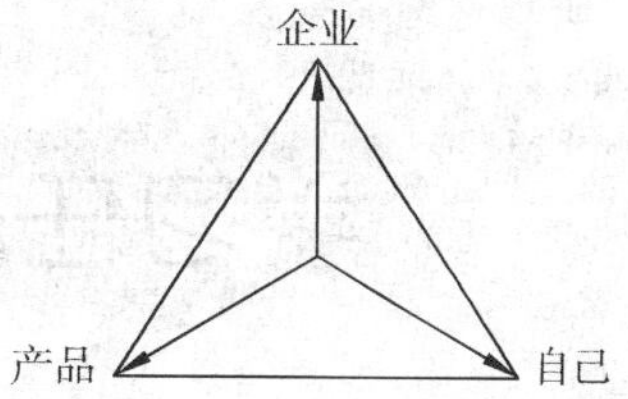

图 1-2 推销三角理论

推销三角理论要求推销人员在推销活动中必须做到3个相信:

1. 推销人员要相信企业

在推销活动中,推销人员对外代表着企业,推销人员的一举一动都会影响顾客对其所代表企业的看法和印象,他们是企业形象的代言人。推销人员的工作态度、服务质量和推销业绩直接影响到企业的经济效益、社会效益和发展前景。因此,只有使推销人员充分相信自己所代表的企业,才能使其具备从事推销工作应有的向心力、荣誉感和责任感;才能使其具备主人翁的工作热情,并在推销事业中发挥创造精神。

2. 推销人员要相信产品

推销人员对自己所推销的产品应当充分相信,因为产品是推销人员推销的客体。它给顾客提供使用价值,给顾客带来需求上的满足。推销人员要相信推销的产品货真价实,相信自己的产品可以成功地推销出去。

3. 推销人员要相信自己

推销人员的自信心是完成推销任务、实现自己的目标的前提。推销人员对自己的相信,包括:自己从事的推销事业伟大的意义;自己从事推销事业的智慧和能力;自己充满前途的美好明天。

理论认为,推销人员只有同时具备了这3个条件,才能充分发挥自己的推销才能,运用各种推销策略和技巧,取得较好的推销业绩。这就好比三角形的3条边,合起来就构成了稳定的三角形结构。其中,企业的产品用英文表示为 Good(产品),推销人员所代表的企业用英文表示为 Enterprise(企业),而推销人员由英文单词表示为 Myself(自己),这3个英文单词的第1字母合起来便构成了 GEM,故西方国家也称推销三角理论为 GEM 公式，汉语译为“吉姆公式”。

推销人员的事业总是沿着从无到有、从小到大、从缺乏经验到经验丰富的方向发展的。如果有人遇到了几次失败或挫折，就气馁，就失去信心，是不可能干好推销人员事业的。美国一位名叫乔伊吉拉德的人曾欠债6万美元，但凭着自己顽强的拼搏精神和自信，逆境中求生存，求发展，终于成为美国的汽车推销大王。

思考练习

1. 如何理解推销三要素的关系？
2. 简述推销三角理论的内容。

学习任务3 推销的原则与方式

任务概述

本任务主要讲解推销的原则和方式。

任务目标

- 了解推销的方式。
- 掌握推销的原则。

学习内容

一、推销的原则

1. 互利互惠原则

利是指利益，惠是指好处。互利互惠是指交易双方彼此为对方提供利益或好处。

互利互惠是双方达成交易的基础。商品交易是买卖双方自主自愿的行为。不管你推销的是什么商品，也不论是谁购买了它，使这笔交易成功的根本动力在于双方都觉得这样做对自己有利。

坚持互惠互利原则的原因有以下几个方面：

(1) 互利互惠是推销人员自信心的来源。

(2) 互利互惠是形成良好交易气氛的重要条件。

(3) 互利互惠才能赢得回头客。

把握互利互惠原则，推销人员应该做到以下几点：

(1)搞清交易能给双方带来的利益，决不做只对一方有利的生意。

(2)用能给顾客带来的利益说服顾客成交。

(3)找出双方利益分配的最佳点。

2. 推销使用价值观念的原则

使用价值是商品的有用性。观念，是人的思想意识，是客观事物在人脑中留下的概括形象。使用价值观念，是顾客对商品有用性的认识。推销使用价值观念的原则，就是在推销商品时，要利用或改变顾客原有的观念体系，想方设法使顾客形成对商品使用价值的正确认识，以达到说服和帮助顾客购买商品的目的。

掌握推销使用价值观念的原则，原因有以下几个方面：

(1)只有使用价值观念，才能最终决定购买。

(2)使用价值观念是购后评价的标准。

(3)使用价值观念需要推销。

把握推销使用价值观念的原则，推销人员应该做到以下几点：

(1)对商品的使用价值进行广泛深入地发掘。

(2)对顾客进行认真透彻的研究。

(3)找准商品使用价值与顾客需要的结合点。

(4)充分认识到在顾客形成正确的使用价值观念之前，不可能成交。

3. 人际关系开路的原则

人际关系开路的原则，是指推销人员在推销商品时，必须先建立和谐的人际关系。这种关系应该是无私的、富于感情的，而不应仅是经济的、利益的；应该是真诚的、坦白的，而不应是假装的、文饰的；应该是长期的、发展的，而不应是即时的、短暂的。这种关系的建立应该使双方都感到满意，而不能使一方受任何损失。

把握人际关系开路的原则，推销人员应该做到以下几点：

(1)树立人际关系开路的观念。

(2)使自己成为受欢迎的人，即善于推销自己。

(3)扩大你自己的交际范围。

(4)善于利用各种交际方式。

4. 尊重顾客的原则

尊重顾客，就是要敬重顾客的人格，重视其利益。尊重顾客的实质是承认顾客的价值。人希望自己有价值，这导致了人的自尊。人希望自己的价值被他人发现并承认，使自己在他人心目中有分量，有地位，这就导致了对人尊重的需要。

掌握尊重顾客的原则，原因有以下几个方面：

(1)可以帮助顾客消除疑虑。

(2)可以优化交易气氛。

(3)得到顾客的回报。

把握尊重顾客的原则,推销人员应该做到以下几点:

(1)要善于换位思考。

(2)不企图左右顾客。

(3)善于赞美、奉承。

(4)注意顾客所关心的事情。

(5)谦恭。

二、推销的方式

根据推销手段的指向性分类,推销方式有以下三类:

1. 直接推销方式

(1)含义:直接推销方式也称人员推销方式,是一种最主要、最直接、最有效的推销方式,也是最古老、最常见的推销方式,是指工商企业推销人员直接运用谈话方式与顾客接触,以达到推销商品或劳务,满足消费者需求与欲望,实现企业营销目标的一种推销方式。

(2)优势和局限性:人员推销方式具有适应性强(直接面对顾客)、针对性强(针对不同顾客来进行)、多功能性(信息员/公关员/服务员)的优点,同时也有推销活动范围有限、费用开支较大、培养推销人员成本高等局限性。

(3)形式:上门推销,设店推销,设站推销等。

2. 间接推销方式

(1)含义:间接推销方式是指通常所说非人员推销方式,它是一种不直接进行商品买卖的推销手段,而是通过宣传商品,说服和吸引消费者购买商品的推销方式。

(2)形式:间接推销方式种类繁多,主要包括广告推销、包装推销、商标推销、公关推销和营业推广、交流会推销、订货会推销、展览会推销等。

3. 互动推销方式

互动推销方式——无形推销方式主要包括:企业形象推销、服务推销和网络推销等。

企业形象推销是指社会公众与企业内部公众对企业的整体印象和评价。企业形象是由丰富的内容和多样的形式构成的完整印象,它可以分解为产品形象、职工形象、服务形象和组织风格等。

服务推销是指产品在销售前后为满足消费需求而实施的各种服务性推销措施。

网络推销是指企业或推销人员运用网络技术,通过网络平台向顾客传递企业和商品各种信息,实现企业和顾客的双向互动的现代推销方式。

思考练习

1. 常见的推销方式有哪些?

2. 如何理解推销的基本原则?

学习任务4 推销的程序

任务概述

本任务主要讲述推销的程序、基本功能,要求熟悉推销的基本功能和程序。

任务目标

- 明确推销的功能和程序。

学习内容

一、推销的一般程序

推销程序是指推销工作所涉及的一般流程和步骤。

推销程序由以下环节构成:寻找并鉴定潜在客户、开展准备工作、选择推销接近方法、讲解和示范表演、异议处理、达成交易、售后服务和信息反馈等。

其具体内容如下:

1. 推销程序的第一步骤是寻找可能成为潜在购买者的顾客。寻找顾客的方法有:普访寻找法、介绍寻找法、中心开花寻找法、委托助手寻找法、广告拉引法、资料查阅寻找法。

2. 顾客资格审查,顾客的鉴定筛选过程。审查的内容、方法主要有:购买需求审查、顾客支付能力审查、购买人格审查。

3. 推销约见前的准备工作。推销人员应尽可能多地了解潜在客户公司的情况和采购人员的情况。

4. 约见。

5. 接近顾客。主要方法包括介绍接近方法、产品接近法、接近圈接近法、好奇接近法、利益接近法、震惊接近法、戏剧化接近法、赞美接近法、讨论接近法、调查接近法、求教接近法、搭讪与聊天接近法、馈赠接近法。

6. 推销洽谈。洽谈的过程可以分为三个阶段:

(1)洽谈开始时,主要是向顾客介绍产品。

(2)解答顾客提出的各种疑问。

(3)准备或促使成交阶段。洽谈介绍产品的方法可分为提示法与演示法两大类。提示法包括直接提示法、间接提示法、明星提示法、动意提示法、积极提示法、消极提示法、逻辑提示法、行动提示法。演示法包括产品演示法、文字与图片演示法、证明演示法。

7. 售后服务和处置顾客异议。

二、推销的功能

商品推销的功能可以归纳为以下几个方面：

1. 销售商品

销售商品是推销的基本功能。推销是商品由推销人员向推销对象运动的过程。在这个过程中，推销品运动是作为推销主体双方各自需求得以实现的具体方式。通过寻找顾客、接近顾客、推销洽谈，进而达成交易，实际上就是实现商品所有权的转移，完成了商品销售。

2. 传递商品信息

由于科学技术的进步和生产的发展，现今市场上的商品种类繁多，新产品更是层出不穷，顾客面对市场，常常眼花缭乱。他们需要得到有关的商品信息，以便比较、评价和选择满意的商品。推销不仅要满足顾客对商品的需要，也要满足顾客对商品信息的需要，及时地向顾客传递真实、有效的信息。

3. 提供服务

推销不仅是把商品销售给顾客，而且是通过提供各种服务，帮助顾客解决各种困难和问题，满足顾客多层次、多方面的需求。通过服务，提高了顾客的满意度，从而建立起企业和产品的良好信誉。

4. 反馈市场信息

现代推销过程是一个供求信息的双向沟通过程。推销人员是企业通往市场的桥梁，是企业联系市场的纽带，是企业获取情报的重要渠道。他们直接与市场、顾客接触，能及时、准确地收集市场信息。推销人员向企业反馈的市场信息主要有：顾客信息、市场需求信息和竞争者信息。

思考练习

1. 推销的一般程序是什么？

2. 推销的功能有哪些？

单元要点归纳

本单元主要介绍了推销的概念、推销的特点、推销的要素、推销的作用、推销的方式与原则。

推销是指企业推销人员与顾客通过面对面的接触，运用一定的推销方法和技巧，将商品或劳务的信息传递给顾客,使其认识商品或劳务的性能、特征,引起注意,激发其购买欲望,实现购买行为的活动过程。

推销的特点主要有信息的双向传递、推销过程的完整性、推销活动的灵活性。

无论对于社会、企业,还是对于个人,推销都起着非常重要的作用。

推销的三要素包括:推销人员、推销对象和推销品。

推销的原则主要有:互利互惠原则、推销使用价值观念的原则、人际关系开路的原则、尊重顾客的原则。

常见的几种推销形式主要有:会议推销、柜台推销、电话推销、上门推销等。

案例分析

有一家效益相当好的大公司,为扩大经营规模,决定高薪招聘营销主管。广告一打出来,报名者云集。

面对众多应聘者,招聘工作的负责人说:“相马不如赛马,为了能选拔出高素质的人才,我们出一道实践性的试题:就是想办法把木梳尽量多地卖给和尚。”绝大多数应聘者感到困惑不解,甚至愤怒:出家人要木梳何用?这不明摆着拿人开涮吗?于是纷纷拂袖而去,最后只剩下三个应聘者:甲、乙和丙。负责人交代:“以10日为限,届时向我汇报销售成果。”10日到。

负责人问甲:“卖出多少把?”答:“1把。”“怎么卖的?”甲讲述了历尽的辛苦,游说和尚应当买把梳子,无甚效果,还惨遭和尚的责骂,好在下山途中遇到一个小和尚一边晒太阳,一边使劲挠着头皮。甲灵机一动,递上木梳,小和尚用后满心欢喜,于是买下1把。

负责人问乙:“卖出多少把?”答:“10把。”“怎么卖的?”乙说他去了一座名山古寺,由于山高风大,进香者的头发都被吹乱了,他找到寺院的住持说:“蓬头垢面是对佛的不敬。应在每座庙的香案前放把木梳,供善男信女梳理鬓发。”住持采纳了他的建议。那山有10座庙,于是买下了10把木梳。

负责人问丙:“卖出多少把?”答:“1 000把。”负责人惊问:“怎么卖的?”丙说他到一个颇具盛名、香火极旺的深山宝刹,朝圣者、施主络绎不绝。丙对住持说:“凡来进香参观者,多有一颗虔诚之心,宝刹应有所回赠,以做纪念,保佑其平安吉祥,鼓励其多做善事。我有一批木梳,您的书法超群,可刻上‘积善梳’三个字,便可做赠品。”住持大喜,立即买下1 000把木梳。得到“积善梳”的施主与香客也很是高兴,一传十、十传百,朝圣者更多,香火更旺。

把木梳卖给和尚,听起来真有些匪夷所思,但不同的思维,不同的推销术,却有不同的结果。在别人认为不可能的地方开发出新的市场来,那才是真正的营销高手。

思考:三个推销人员为什么会有不同的推销结果?

模拟训练

一分钟自我推销演练

目的:培养学生树立推销的意识和观念,树立乐观积极的心态,加深对自己的认识,为更好地学习推销的知识奠定基础。

第二单元　推销观念与理论

单元概述

本单元主要讲述推销观念的产生和发展，推销环境分析，推销方格理论和推销模式，是关于推销的相关理论部分，对于研究推销环境、顾客心理、调整推销人员心态起着非常重要的作用。

单元目标

● 了解推销的产生和发展，能够分析影响推销环境的因素。

● 了解推销人员的心理特征，懂得推销人员的心理和态度对顾客的影响，能够准确描述“爱达”“艾德帕”“迪伯达”三种推销模式的内容。

学习任务1 推销观念的产生与发展

任务概述

本任务主要讲述推销观念的产生和发展。

任务目标

- 了解推销观念的发展历程，熟悉各阶段推销观念的特点，能够说明传统推销观念和现代推销观念的区别。

学习内容

一、推销学溯源

我国古代文献《周易》记载(图2－1):“神农氏作……日中为市，致天下之民，聚天下之货;交易而退，各得其所”。

周文王，姓姬名昌，史称西伯，是商末周族的领袖。因广施仁德，深得人民拥戴而引起商王纣（后称殷纣王）的猜忌和不满，纣王听信谗言，将姬昌囚禁于羑里城。

姬昌利用被囚羑里的7年时间，将伏羲的先天八卦改造成后天八卦，后又“引而伸之，触类而长之”、“因而重之”，演变成八八六十四卦，用以反映宇宙间事物的复杂变化，完成了《周易》这部千古不朽的著作。这就是历史上著名的“文王拘而演周易”的故事。

图2－1 周文王

到了商代，商业活动与商人阶层作为社会大分工的产物而正式出现。春秋战国时代的大商人，像范蠡、子贡、白圭等人就是较具代表性的人物。古代集市如图2－2所示。

图 2－2　古代集市

而在古代的其他经济文化繁荣地区，古老的推销技术也产生了……

古希腊、罗马时代频繁往来于地中海沿岸的一艘艘商船，如图 2－3 所示；古埃及、印度穿梭跋涉于林莽大漠和崇山峻岭中的马帮驼队，如图 2－4 所示……

图 2－3　古希腊的商船

图 2－4　古埃及的沙漠商人

二、推销学的发展

1. 古老的推销术（19 世纪中叶前）

（1）推销成功与否带有很大的偶然性。因为推销的商品不一定是顾客所需要的。

（2）推销活动带有短期性，以集市、庙会为主，店铺为辅的非连续性的销售方式。

（3）推销活动带有某种欺诈性。

（4）推销能否成功主要依赖于个人的作用。

（5）推销方式、方法上，已出现了现代推销中的一些原始雏形如销售广告在很早就有了很大发展。

2. 生产型推销(19 世纪中期到 20 世纪 20 年代)

图 2－5 福特汽车

以生产为中心,以产定销的格局,使推销技术的发展比较缓慢。

产品供不应求,企业主要竞争策略在于扩大规模,降低生产成本。福特公司的黑色 T 形小汽车风靡全球(图 2－5),福特当时有句名言:“不管顾客需要什么颜色的汽车,我只有一种黑色。”

3. 销售型推销(20 世纪 20 年代到 50 年代)

其特点是:

(1)许多企业内部开始设立销售部门(图2－6),销售活动作为一种职能从企业经营中分离出来,它推动了推销技术的迅速发展。

图 2－6 销售商品的店铺

(2)逐步把“坐等顾客上门”的消极被动方式转变为“走出去,说服顾客”的积极推销方式。在生产中,也开始注意产品的差异性。

(3)传统推销的短期性和在成功率上的偶然性已不能适应企业发展的需要。在这个时期,推销的一些基本手段已形成并逐步完善,企业推销技术和推销观念已开始面临一场新的革命性的转变。

4. 现代推销(20 世纪 50 年代至今)

其特点是:

(1)以消费者的需求为中心,彻底地改变了传统销售中成功的偶然性。

(2)现代推销具有全局性和系统性的特点。

(3)现代推销使销售成功具有长期性和稳定性的特点。

(4)现代推销改变了企业的经营策略与目标。

(5)现代推销要求企业注意广泛利用现代科学技术(图 2－7),它包括新的通讯手段、信息处理手段、信贷手段、结算手段和科学的决策等。这也是企业提高竞争能力,使成功的推销具有长期性和稳定性的条件。

图 2－7 现代技术应用于企业的销售

三、推销的观念

所谓推销观念,是指推销人员在开展推销活动过程中,处理企业、顾客、社会三方面利益关系所持的态度和观念,也就是推销人员从事推销活动的基本指导思想。推销观念的演变,大致经历了以下几个阶段(图 2－8):

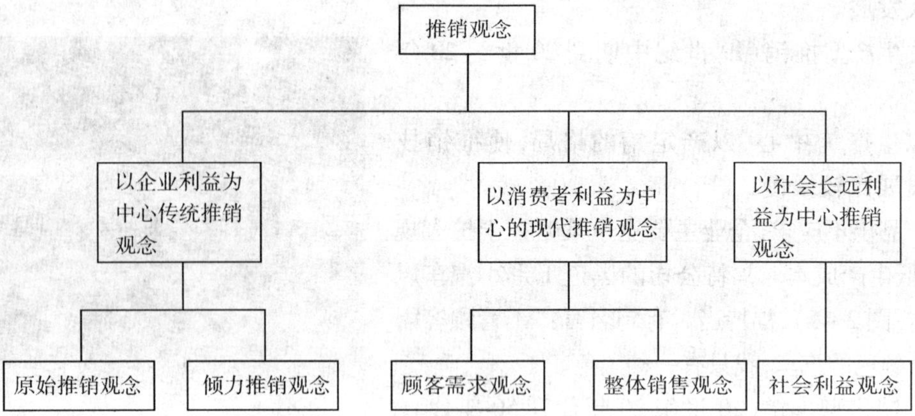

图2－8　推销观念的产生与发展

1. 以企业利益为中心传统推销观念

(1)原始推销观念:一是适应条件和背景,生产力水平低下,商品供不应求;二是核心观念,“能生产什么,就卖什么;能生产多少,就卖多少”。

(2)倾力推销观念:一是适应条件和背景,社会经济发展水平不高,市场竞争程度不激烈;二是核心观念:是以达成交易为中心,忽视顾客的需要,设法通过各种推销政策和推销技法,说服顾客购买推销品的推销观念。

2. 以消费者利益为中心的现代推销观念

(1)“以顾客需求为中心”的观念:一是适应条件和背景,供过于求,卖主之间竞争激烈、买主处于优势地位的“买方市场”;二是核心观念,推销是运用适当的方法和技巧,阐明商品给顾客的某种需要带来满足,在满足顾客需要中获得企业和推销人员的利益。

(2)“整体销售”的观念:一是适应条件和背景,供过于求,卖主之间竞争激烈、买主处于优势地位的“买方市场”。二是核心观念:在现代企业营销中,销售是一个系统工程。以顾客需求为中心,以顾客需求满足为最终目的,这就意味着推销不是一个独立的环节。主要包括:全过程销售观念、全员销售观念、战略观念和环境观念。

3. 以社会长远利益为中心的推销观念

(1)适应条件和背景:企业不仅追求经济效益,更要注重社会效益和可持续发展。

(2)核心观念:企业的合理行为应该是在满足消费者需求的同时,还要考虑社会的整体利益和长远利益。在此基础上谋求企业利润目标的实现。企业提供任何产品或服务时,不仅要满足消费者的需要和符合本企业的利益,而且要符合消费者和社会的整体利益和长远利益。

思考练习

1. 推销观念的发展历程。
2. 传统推销观念和现代推销观念的区别。

学习任务2 推销环境分析

任务概述

本任务主要讲述影响推销的环境因素。影响推销的环境主要包括宏观环境和微观环境。只有能够全面分析推销环境,把握推销环境给企业和推销人员带来的机会和威胁,才能更好地开展推销工作。

任务目标

- 了解推销环境的概念和类型。
- 理解推销环境的特点。
- 能够全面分析推销环境的影响因素。

案例分析

美国洛杉矶推销人员斯坦福·布卢姆以25万美元的价格,购买西半球公司一项专利,生产一种名叫"米沙"的小玩具熊,用作1980年莫斯科奥运会的吉祥物。买下后的2年里,布卢姆先生和他的伊美治体育用品公司致力于"米沙"的推销工作,并把"米沙"商标的使用权出让给58家公司。成千上万的"米沙"被制造出来,分销到全国的玩具商店和百货商店,十几家杂志上出现了这种带有4种色彩的小熊形象。开始,"米沙"的销路良好,布卢姆预计这项业务的营业收入可达5 000万到1亿美元。不料在奥运会开幕前,由于前苏联拒绝从阿富汗撤军,美国总统宣布不参加在莫斯科举行的奥运会。骤然间,"米沙"变成了被人深恶痛绝的象征,布卢姆的赢利计划因此也成了泡影。

这则案例充分说明了环境因素对推销工作的影响是何等重要。因此,只有认真研究商品的推销环境,善于识别环境变化带来的机会和威胁,及时调整推销商品的目标、方式,调整推销商品的时间和空间,才能使商品推销工作适应各种环境的变化,从而掌握推销商品的主动权,提高推销效益。

一、推销环境的概念

任何企业的推销活动都是在一定的环境下进行的,企业的推销行为既要受到自身条件的制约,又要受到外部条件的限制。影响和制约企业推销活动的内、外部力量和因素的集合就是企业的推销环境。

环境变化或者给企业带来可以利用的市场机会,或者给企业带来一定的环境威胁。

推销环境 = 机会 + 威胁

企业能否从中发现并抓住有利于企业发展的机会,避开或减轻不利于企业发展的威胁,就成为企业推销的一个首要问题。

二、推销环境的类型

企业推销环境的内容既广泛又复杂,不同的因素对推销活动各个方面的影响和制约不尽相同,相同的因素对不同企业所产生的影响和形成的制约也会大小不一。

根据企业的推销活动受制于推销环境涉及面的大小,推销环境可以分为微观推销环境和宏观推销环境。

三、推销环境的特点

1. 客观性

客观性是推销环境的首要特征。推销环境的存在不以推销者的意志为转移,对企业推销活动具有强制性和不可控性。企业推销部门一般无法摆脱和控制推销环境,特别是宏观环境,企业难以按自身的要求和意愿改变它。主观地臆断某些环境因素及其发展趋势,往往会造成企业盲目决策,导致在市场竞争中的惨败。这就要求企业主动适应环境的变化和要求,根据环境因素和条件的变化,制定并不断调整其推销策略。

2. 不确定性

不确定性是推销环境的根本特征。任何环境因素始终处于动态变化甚至是急剧的变化之中,因此很多情况下企业是无法完全预知环境的发展变化的。例如美国“9·11”事件、SARS 的突袭、“5·12 大地震”。面对环境不确定性程度的不同,企业应实施不同的战略决策。如果未来足够明确,则残留的不确定性不会影响到战略的正确性。例如,对发生在 SARS 那年下半年中国经济发展进行预测,虽有上半年 SARS 的影响,但下半年经济发展形势明朗。而有的环境的不确定性相当明显,例如,一个企业要涉足一个完全陌生的领域,就会面临着技术、需求、管理、渠道等多种不确定性,所有这些因素相互作用,使企业无法确定未来环境的变化范围。

3. 相关性

推销环境不是由某个单一的因素决定的,推销环境的各个因素经常是相互影响、相互作用的,呈现在企业面前的往往是多种因素综合作用的结果。

当某一因素变化时,会带动其他因素的相互变化,形成新的推销环境。例如,商品的价格不但要受市场供求关系的影响,还要受到科学技术的进步和财政税收政策的影响。如何从诸多相关因素中找出关键因素是企业战略成功的关键。

4. 可转换性

推销环境既能制约企业的发展，又能为企业的发展提供机会。因为影响推销环境的因素和条件是动态的、变化的，企业在适应推销环境的同时，还可以创造和开拓对自己有利的环境，果断地抓住和利用机会、努力排除和缩小威胁所带来的风险、变不利因素为有利因素，因势利导、善于发现经营机会，转换为有利于企业的推销环境。

四、推销环境因素分析

1. 宏观推销环境

宏观推销环境也称为间接推销环境，是指与影响企业微观环境的巨大社会力量，包括人口、经济、政治法律、社会文化、自然及科技等多方面的因素（图 2－9）。

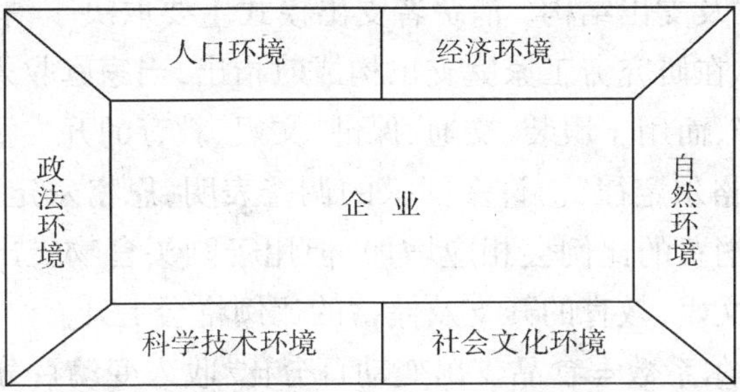

图 2－9 影响推销的宏观环境

（1）人口环境：市场是由有购买力和购买欲望的人们所组成的，市场上人口的规模、地理分布、人口的流动趋势、年龄构成、出生率、结婚率、死亡率以及人口的人种、种族和宗教结构等就构成了宏观环境中的人口环境因素。这些因素会对市场格局产生深刻影响，并直接影响企业的推销活动和经营管理。

①人口数量和增长速度。人口数量和增长速度直接决定市场的潜在容量。世界 500 强之所以积极展开在中国的市场布局，其看好的就是中国庞大的人口总量和较快的增长速度。

②人口结构。人口结构如年龄结构、性别结构、家庭结构、社会结构以及民族结构会对市场格局产生深刻影响，并直接影响企业的推销策略和推销活动的内容和形式。

③人口的地理分布及跨地区流动。人口的地理分布及跨地区流动如就业、经商、旅游、求学等流动人口的增加，将使得单一的市场环境呈现出多变的特点，从而也不断催生出新的细分市场。因此，企业必须重视对人口环境的研究，密切关注人口特性及其发展动向，不失时机地抓住市场机会，当出现威胁时，应及时、果断地调整推销策略以适应人口环境的变化。

（2）经济环境：构成市场的因素除人口外，还必须有社会购买力，它是经济变化的反映。所谓社会购买力，是指一定时期内社会各方面用于购买各种产品（包括劳务）的货币支付能力。影响社会购买力的主要因素有居民的实际收入、币值、消费者的储蓄和信用、消费者的支出模式等。

①经济发展与居民收入。总的来讲，社会购买力的大小取决于国民经济的发展水平及由此决定的国民平均收入水平。经济发展快，人均收入高，社会购买力就大，企业的推

销机会就会随之扩大;反之,经济衰退,市场规模缩小,则会给企业带来威胁。

②市场的供求状况。市场商品供求状况包含着总量的比例和结构的比例,两者对企业均有明显的影响。一般情况下,企业在推销活动中较直接感受到的是市场商品供求结构比例的影响。

③消费者储蓄和信贷变动。居民储蓄来源于消费者的货币收入。一定时期内储蓄增加会相应减少近期消费资料购买力,反之则会相应增加近期消费资料购买力。

另外,消费者信贷对购买力的影响也很大,美国消费者信贷在全世界最高,各种形式的赊销、分期付款等业务十分发达。有些经济学家认为,消费者信贷目前已成为发达国家经济增长的主要动力之一。因为,它允许人们购买超过自己现时购买力的商品,从而可以创造更多的就业机会,获取更多的收入,导致更多的需求。

④消费者支出模式及支出结构。消费者支出模式主要取决于消费者的收入水平。德国著名统计学家恩格尔在研究劳工家庭支出构成时指出,当家庭收入增加时,用于购买食物支出的比重将会下降,而用于服装、交通、保健、文娱、教育的开支及储蓄的比例将上升。这种趋势被称之为“恩格尔定律”。许多国家的调查表明,恩格尔定律基本是正确的。当家庭收入增加时,多种消费的比例会相应增加,但用于购买食物支出的比例将会下降,而用于服装、交通、保健、文娱、教育的开支及储蓄的比例将会上升。

恩格尔系数 = 食品支出变动百分比/收入变动百分比

(3)政治与法律环境:任何企业的推销活动都必定受到政治与法律环境的强制与约束。这种政治与法律环境是由那些影响社会上各种组织和个人行为的法律、政府机构、公众团体所组成的。

(4)自然环境:推销学上的自然环境,主要是指一个国家的自然物质环境。近年来,资源生态问题日益受到人们的重视。自然资源的短缺,能源成本的上升,环境污染加重,政府对自然资源管理的干预不断加强……所有这些都直接或间接地给企业带来威胁和机会。

(5)社会文化环境:社会文化是人类在创造物质财富过程中所积累的精神财富的总和,它体现着一个国家和地区的社会文明程度。社会文化因素主要通过影响消费者的思想和行为,从而间接影响企业的推销活动。

(6)科学技术环境:科学技术对企业推销的影响是很大的。所谓科学技术,是指人类在长期实践活动中所积累的经验、知识和技能的总和。它是最活跃、最主要的生产力。科学技术的发展首先引起经济、自然因素的变化,继而引起法律、人口、社会文化因素的变化。这种连锁反应必然对企业推销产生一系列影响。

2. 微观推销环境

企业的微观推销环境主要由企业的供应商、推销中介、顾客、竞争对手、社会公众以及企业内部参与推销决策的各部门组成。

(1)企业内部环境分析。可以从企业内部管理分析、市场推销能力分析、企业财务分析和其他内部因素分析几方面进行。

企业内部管理包括计划、组织、激励、任用和控制五个职能领域,各领域之间相互依赖、相互影响。

企业的推销能力分析,即从企业的市场定位和推销组合两方面来分析企业在市场推销的长处和弱点。

企业的财务分析可以从企业财务管理的水平分析和企业的财务状况分析两方面进行。

企业的财务管理分析就是看企业财务管理人员如何管理企业资金,是否根据企业的战略要求决定资金筹措方法和资金的分配,监视资金运作和决定利润的分配。企业的财务决策主要有三个方面:筹资决策、投资决策、股利分配决策。

企业财务状况分析是判断企业实力和对投资者吸引力的最好办法。企业的清偿能力、债务资本的比例、流动资本、利润率、资产利用率、现金产出、股票的市场表现等都是分析企业财务状况的重要参考因素。

(2)供应商。供应商是向企业提供生产产品和服务所需资源的企业和个人。供应商所提供的资源主要包括原材料、设备、能源、劳务、资金等。供应商对企业推销活动的影响主要表现在三个方面:供货的稳定性与及时性、供货的价格变动、供货的质量水平。

(3)顾客。顾客是企业推销活动的起点和归宿。

(4)竞争者。广义的竞争者不仅包括其他同行公司,而且还包括潜在产品的供应公司。竞争战略的类型选择在很多情况下是对竞争对象的类型和实力所作出的反应。

(5)公众。公众就是对一个组织完成其目标的能力有着实际或潜在兴趣和影响的群体。公众可以分为七大类:金融界公众、媒介大众、政府大众、公民行政团体、公民行动团体、地方公众、一般公众、内部公众。

思考练习

1. 影响推销的宏观环境有哪些?

2. 影响推销的微观环境有哪些?

案例分析

地产大鳄转攻 地产市场酝酿新变局

2011 年 2 月 17 日,福州市国土资源管理工作会议宣布,今年将确保保障性住房、棚户区改造和中小套型普通商品住房建设用地不低于住房建设用地供应总量的 70%。在宏观调控笼罩下的 2011 年,当大多数开发商还在纠结如何提升商品房销售量时,以"万保招金"(万科、保利、招商、金地)领衔的地产大鳄却不约而同地开始转攻保障房。业内界人士感言,在政府调控商品住宅市场、加大加强保障房供应的背景下,房地产市场正在酝酿着一场全新的"变局"。

1. 从本报道内容分析地产大鳄专攻保障房的原因有哪些?

2. 怎样理解"在政府调控商品住宅市场、加大加强保障房供应的背景下",房地产市场正在酝酿着一场全新的"变局"?

学习任务3 推销方格理论

任务概述

推销方格理论是美国管理学家布莱克教授和蒙顿教授在他们曾经提出的“管理方格理论”的基础上,着重研究了推销人员与顾客的关系和买卖心态,提出的一种新的方格理论。该理论是管理方格理论在推销领域中的运用,在西方被誉为是推销学理论的一大突破。推销方格理论分为推销方格和顾客方格两部分。推销方格是研究推销活动中推销人员的心理活动状态;顾客方格则是研究顾客在推销活动中的心理活动状态。大量工作实践表明,要做好推销工作,必须了解买卖双方对推销活动的态度。

任务目标

- 了解推销方格理论的内容,能够运用该理论分析推销人员的心理活动。
- 了解顾客方格理论的内容,能够运用该理论分析顾客的心理活动状态。

学习内容

推销方格理论是美国管理学家布莱克教授和蒙顿教授在他们曾经提出的“管理方格理论”的基础上,着重研究了推销人员与顾客的关系和买卖心态,提出的一种新的方格理论。该理论是管理方格理论在推销领域中的运用,在西方被誉为是推销学理论的一大突破。推销方格理论分为推销方格和顾客方格两部分。推销方格是研究推销活动中推销人员的心理活动状态;顾客方格则是研究顾客在推销活动中的心理活动状态。大量工作实践表明,要做好推销工作,必须了解买卖双方对推销活动的态度。

一、推销方格理论

1. 推销方格的含义

推销人员在推销活动中要考虑两个方面的具体目标:一是设法说服顾客购买商品,出色地完成推销任务;二是竭力迎合顾客心理,以求与顾客建立良好的人际关系。这两个目标的侧重点是不同的,前者的侧重点是“销售”,后者的侧重点是“顾客”。推销人员对待这两个目标的态度与关心程度就构成了不同的推销态度,用图形将推销人员对上述两个目标的关心程度及形成的态度表现出来,就形成了“推销方格”(图2-10)。推销方格中显示了由于推销人员对“顾客”与“销售”关心的不同程度而形成的不同的心理状态。

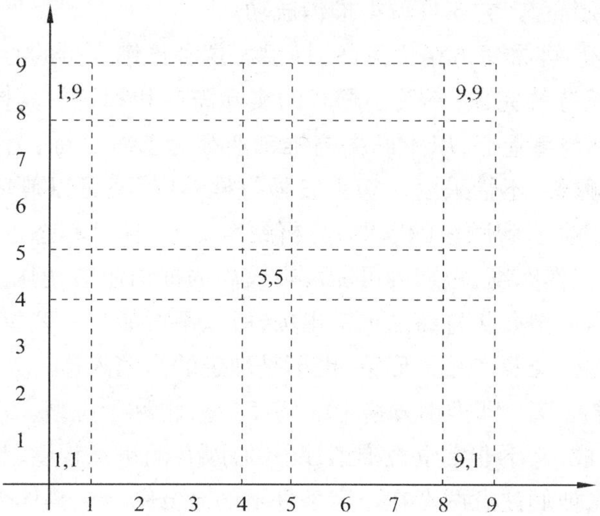

图 2－10 推销方格

图 2－10 中纵坐标表示推销人员对顾客的关心程度,横坐标表示推销人员对销售任务的关心程度。横纵坐标各分为 9 等份,坐标值越大,表示关心的程度越高。每个方格分别代表各种推销人员的不同的推销心理活动状态与态度。推销方格理论形象地描绘出推销人员对顾客的关心程度和对完成推销任务的关心程度的 81 种有机组合,为有效地协调推销活动中推销人员与顾客既相互联系又相互制约的关系提供了一个形象而又明晰的框架。

推销方格理论可以帮助推销人员更清楚地认识自己的推销心态,看到自己在推销工作中所存在的问题,进一步提高自己的推销能力;推销方格理论还有助于推销人员更深入地了解自己的推销对象,掌握顾客的心理活动规律,有针对性地开展推销工作。推销人员只有深刻地认识自己和自己推销对象的心理态度,才能正确地把握推销工作的分寸,恰当地处理与顾客之间的关系,争取推销工作的主动权,提高推销效率。

2. 推销方格与推销心态类型

(1)"无所谓"型:即推销方格中的(1,1)型。表明了推销人员既不关心顾客,也不关心推销任务的心态。具体表现是:没有明确的工作目的,工作态度冷漠,缺乏必要的责任心和成就感;他们对顾客缺乏热情,顾客是否购买商品都与己无关,从不做推销调研和总结工作。具有这种心态的推销人员不是合格的推销人员,这样的推销人员的推销成效也最差。他们抱着"要买就卖,不买就拉倒"的无所谓心态,毫无事业心。要改变这种推销心态就必须找出问题的根源,对症下药,对适合做推销工作的人员进行鼓励,调动其积极性;对不称职的推销人员一律进行撤换,以提高推销工作的效率。

(2)"顾客导向"型:即推销方格中的(1,9)型。处于这种推销心态的推销人员只关心顾客,不关心销售任务。具体表现是:忽视了推销活动是由商品交换与人际关系沟通两方面内容结合而成的事实,单纯重视并强调人际关系,对顾客以诚相待,可能成为顾客的良好参谋甚至好朋友,恪守"宁可做不成生意,也决不得罪顾客"的信条。这类推销人员重视生意不成仁义在,但忽视推销技巧,不关心或羞于谈起货币与商品的交换。这种极端的心态也不是良好的推销心态,它不易取得推销成功。

(3)"推销导向"型:即推销方格中的(9,1)型。这种推销人员的心态与顾客导向型正好相反,只关心销售任务的完成,不关心顾客的实际需要和利益。具体表现为:工作热情高,具有强烈的成就感与事业心,以不断提高推销业绩为追求目标;为完成推销任务他们千方百计地说服顾客购买,不惜采用一切手段强行推销,甚至可以败坏职业道德,不择手段地推销商品,但却很少了解顾客的需要,分析顾客心理,这种心态也是不可取的。这类推销人员虽有积极的工作态度,短期内可能取得较高的推销业绩,但由于他们忽略与顾客之间的关系,只是想尽一切办法将商品推销出去,所以不可能与顾客建立一种长期的合作关系,严重时还会损害公司及产品的形象,也不是理想的推销人员。

(4)"推销技巧导向"型:即推销方格中的(5,5)型,也称干练型。这种心态较为折中,既关心推销任务的完成,又不非常重视推销;既关心顾客的满意程度,与顾客进行沟通,但不求完全为顾客服务,他们注意两者在一定条件下的充分结合。具体表现是:推销心态平衡,工作踏实;对推销环境充分了解,充满信心;注意研究顾客心理和积累推销经验,讲究运用推销技巧和艺术;在推销中一旦与顾客意见不一致,一般采取妥协,避免矛盾冲突。他们能够非常巧妙地说服一些顾客购买。从现代推销理论分析,这种心态对推销不求甚解,可能成为一位业绩卓著的推销人员,但却难以创新,不易成为推销专家或取得突破性进展。因此这类推销人员也不是理想的推销人员。

(5)"解决问题"型:即推销方格中的(9,9)型,也称满足需求型。这种心态是理想的推销心态,将投入全力研究推销技巧,关心推销效果,又重视最大限度地解决顾客困难,注意开拓潜在需求和满足顾客需要,在两者结合上保持良好的人际关系,使商品交换关系与人际关系有机地融为一体。其具体表现是:有强烈的事业心和责任感,真诚关心和帮助顾客,工作积极主动;他们对自己、顾客、推销品、推销环境和顾客的需要有充分的了解,积极寻求使顾客和推销人员的需求都能得到满足的最佳途径;他们注意研究整个推销过程,追求在最大限度地满足顾客的各种需求的同时取得最佳的推销效果。这种类型的推销人员能在帮助顾客解决问题的同时完成自己的推销任务。满足顾客的真正需要是他们的中心,辉煌的推销业绩是他们的目标。这种推销心态才是最佳的推销心态,处于该种心态的推销人员才是最佳的推销人员。

二、顾客方格理论

1. 顾客方格的含义

推销过程是推销人员与顾客的双向心理作用的过程。在推销活动中,推销人员的推销心态和顾客的购买心态都会对对方的心理活动产生一定的影响,从而影响其交易行为。因此,推销人员还必须深入研究分析顾客的购买心理,有针对性地开展推销活动。

顾客在与推销人员接触和购买的过程中,会有两个具体的目标:一是希望通过与推销人员进行谈判,讨价还价,力争以较少的投入,获取尽可能大的收益,购买到称心如意的商品;二是希望得到推销人员的诚恳热情而又周到的服务,与推销人员建立良好的人际关系。在这两个目标中,前者注重"购买",后者注重"关系"。但是不同的顾客对这两方面的重视程度是不同的。有的顾客可能更注重购买商品本身，而另一些顾客则可能更注重推销人员的态度和服务质量。布莱克与蒙顿教授依据顾客对这两方面问题的关心程度不同，建立了顾客方格（图2－11）。

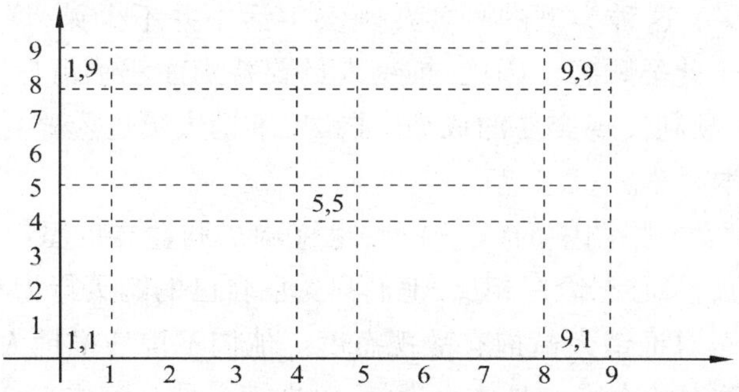

图2－11 顾客方格

图2－11横坐标表示顾客对自己完成购买的关心程度，纵坐标表示顾客对待推销人员的关心程度，也是9个等级。顾客方格图中的纵坐标表示顾客对推销人员的关心程度，横坐标表示顾客对购买任务的关心程度。纵、横坐标从低到高依次划分为9等份，其坐标值都是从1到9逐渐增大，坐标值越大，表示顾客对推销人员或购买的关心程度越高。顾客方格中的每个方格分别表示顾客各种不同类型的购买心态。

顾客方格形象地描绘出顾客对推销人员及自身购买任务的关心程度的81种有机组合，它作为研究顾客购买行为和心态的理论，对推销人员了解顾客态度，与顾客实现最佳的配合，学会如何应付各种不同类型的顾客，争取推销工作的主动权，提高推销工作的效率具有重要意义。

2. 顾客方格与顾客心态类型

在众多的顾客心态中，其中具有代表性的有5种类型，即漠不关心型、软心肠型、防卫型、干练型、寻求答案型。

（1）漠不关心型：即顾客方格图中的（1,1）型。处于这种购买心态的顾客对上述两个目标的关注程度都非常低，既不关心自己与推销人员的关系，也不关心自己的购买行为和结果。他们当中有些人的购买活动有时是被动和不情愿的，购买决策权并不在自己手中。具体表现是：多数情况下是受人之托购买，自身利益与购买行为无关，而且不愿意承担责任，往往把购买决策权推给别人，而自己愿意做些询问价格了解情况的事务性工作。对待推销人员的态度是尽量躲避，或是敷衍了事。这种心态的顾客把购买活动视为麻烦，往往是例行公事，对能否成交、成交的条件及推销人员及其所推销的产品等问题都漠不关心。向这类顾客推销产品是非常困难的，推销成功率也是相当低的。对待这种类型的顾客，推销人员应先从情感角度主动与顾客接触，了解顾客的情况，再用丰富的产品知识，结合顾客的切身利益引导其产生购买欲望和购买行为。

（2）软心肠型：即顾客方格图中的（1,9）型，也称情感型。处于这种购买心态的顾客非常同情推销人员，对于自己的购买行为与目的则不太关心。具体表现是：该类顾客往往感情重于理智，对推销商品本身则考虑不多，容易产生冲动，易被说服和打动；重视与推销人员的关系，重视交易现场的气氛，缺乏必要的商品知识，独立性差等。存在这种心态的顾客不能有效地处理人情与交易之间的关系，他们更侧重关心推销人员对他们的态度。只要推销人员对他们热情，表示出好感时，便感到盛情难却，即便是一时不太需要或不合算的商品，也可能购买。这种类型的顾客在现实生活中并不少见，许多老年人和性格柔弱、羞怯的顾客都属于此类顾客。因此，推销人员要特别注意感情投资，努力营造良好的交易气氛，以情感人，顺利实现交易的成功。同时，推销人员也应避免利用这类顾客的软心肠，损害顾客的基本利益。

(3)防卫型：即顾客方格图中的(9,1)型，也称购买利益导向型。处于这种购买心态的顾客与软心肠型的购买心态恰好相反，他们只关注自己的购买行为和个人利益的实现，不关心推销人员，甚至对推销人员抱有敌视态度。他们不信任推销人员，怕吃亏，担心受骗上当，本能地采取防卫的态度。具体表现是：对推销人员心存戒心，态度冷漠敌对，处处小心谨慎，精打细算，讨价还价，事事提防，绝不让推销人员得到什么好处。这种顾客一般比较固执，不易被说服。这类顾客的生意也比较难做，即使最终成交，企业的盈利也微乎其微。他们拒绝推销人员，并不是对推销品没有需要，完全是出于某种心理原因。对这类顾客，推销人员不能操之过急，应首先推销自己，赢得顾客对自己的信任，消除顾客的偏见，然后再转向推荐推销品。

(4)干练型：即顾客方格图中的(5,5)型，也称公正型。处于这种购买心态的顾客既关心自己的购买行为，也关心与推销人员的人际关系。具体表现是：乐于听取推销人员的意见，自主作出购买决策，购买决策客观而慎重。这是一种比较合理的购买心态，具有该种心态的顾客一般都很自信，甚至具有较强的虚荣心。他们有自己的主见，不愿轻信别人，更不会受别人的左右。对待这类顾客，推销人员应设法用客观的事实进行说服，让他自己去作出判断和决策。

(5)寻求答案型：即顾客方格中的(9,9)型，也称专家型。处于这类购买心态的顾客既高度关心自己的购买行动，又高度关心与推销人员的人际关系。这类顾客通常有较高的购买技术，他们在购买商品之前，对市场进行广泛的调查分析，既了解商品质量、规格、性能，又熟知商品的行情，他们的购买行为非常理智，根据自己的实际需要来决定是否购买。具体表现是：购买时不会轻易受别人左右，十分愿意听取推销人员的观点和建议，并对这些观点和建议进行分析判断，善于决策又不独断专行。这种购买心态的顾客是最成熟、最值得称道的顾客。他们充分尊重和理解推销人员的工作，不给推销人员出难题或提出无理要求，把推销人员看成是自己的合作伙伴，最终达到买卖双方都满意的目的。对这类顾客，推销人员应了解顾客的需求所在，设法成为顾客的参谋，主动为顾客提供各种服务，尽最大努力帮助他们解决问题，实现互惠互利，买卖双赢。

三、推销方格与顾客方格的关系

推销的成功与失败，不仅仅取决于推销人员的工作态度，布莱克教授总结出了推销方格与顾客方格的关系。从前面介绍的推销方格和顾客方格我们知道，推销人员与顾客的心态有多种多样，在实际推销活动中，任何一种心态的推销人员都可能接触到各种不同心态的顾客。那么,推销人员与顾客的哪两种心态类型的搭配会实现推销活动的成功呢?

推销方格与顾客方格搭配图反映了推销方格与顾客方格之间的内在联系(表 2－1),表中“＋”表示成功,“－”表示失败,“0”表示推销成败的概率相等。

表 2－1　推销方格与顾客方格搭配

推销类型 / 顾客类型	1,1	1,9	5,5	9,1	9,9
9,9	+	+	+	+	+
9,1	0	+	+	0	0
5,5	0	+	+	–	0
1,9	–	+	0	–	0
1,1	–	–		–	–

从搭配表中可以看出,(9,9)型心态的推销人员无论与哪种心态类型的顾客相遇,都会取得推销成功。因此,企业要想赢得广阔的市场,就应积极培养(9,9)型心态的推销人员。推销人员能否协调好与顾客的关系,事关销售的成功与失败,推销人员的销售心态和顾客的购买心态共同决定了销售的成败。

从现代推销学的角度看,趋向于(9,9)型的推销心态和购买心态比较成熟和理想,推销活动的成功率较高,但这并不是说其他类型的推销心态和购买心态的搭配就不能取得理想的效果。在错综复杂、千变万化的推销活动中,没有哪一种推销心态对所有顾客都是有效的,同样,不同的购买心态对推销人员也有不同的要求。因此,成功推销的关键取决于推销心态与购买心态是否吻合。由此可见,推销人员的销售活动能否成功,除了自身的努力以外,还要看顾客是否愿意配合、推销人员能否准确地把握顾客购买的心态等。如果推销专家遇到一位无论如何也不愿意购买推销品的顾客,即使他有再高明的推销技巧,也很难成功。相反,如果一位迁就顾客型的推销人员遇到一位软心肠型的顾客,双方都特别关心对方,尽管推销人员不算是一个优秀者,但他依然能够取得销售的成功。

从推销人员的角度来看,推销人员越是趋向于问题解决型,其销售的能力就越高,达成销售的可能性就越大。因此,要成为一位出色的现代推销人员,健康的销售心态是不可缺少的。所以,推销人员应树立正确的销售态度,要加强培训与锻炼,调整与改善自我销售心态,努力使自己成为一个能够帮助顾客解决问题的问题解决型推销人员。

正确把握销售心态与购买心态之间的关系是非常重要的。不同类型的推销人员遇到不同类型的顾客,应采取不同的销售策略,揣摩顾客的购买心态,及时调整自己。

思考练习

1. 推销方格与推销心态类型有哪些?
2. 顾客方格与顾客心态类型有哪些?
3. 怎样理解推销方格与顾客方格的关系?

学习任务4 推销模式

任务概述

本任务主要讲述推销模式的几种具体类型，学习这几种推销模式，对于了解分析顾客的心理需求、改进和提高推销人员的推销技术、提高推销效率具有重要作用。

任务目标

- 了解推销模式的概念和作用。
- 掌握推销模式的具体类型。

学习内容

一、推销模式概念

推销模式是指根据推销活动的特点及对顾客购买活动各阶段的心理演变应采取的策略，归纳出一套程序化的标准推销方式。

推销模式的产生使推销有了可以依据的理论、步骤与法则，促进了推销效率的提高。推销模式来自于推销实践，具有很强的可操作性，是现代推销理论的重要组成部分。推销模式的种类有很多，这里主要介绍应用最广泛的四种模式，即爱达(AIDA)模式、迪伯达(DIPADA)模式、埃德帕(IDEPA)模式、吉姆(GEM)模式、费比(FABE)模式。

二、推销模式的具体类型

1. 爱达模式

(1)爱达模式的含义。爱达模式是世界著名的推销专家海因兹·姆·戈德曼在《推销技巧——怎样赢得顾客》一书中首次总结出来的推销公式，它被认为是国际成功的推销公式。“爱达”是四个英文字母 AIDA 的译音，也是四个英文单词的首字母：A 为 Attention，即引起注意；I 为 Interest，即诱发兴趣；D 为 Desire，即刺激欲望；最后一个字母 A 为 Action，即促成购买。它的具体含义是指一个成功的推销人员必须把顾客的注意力吸引或转变到产品上，使顾客对推销人员所推销的产品产生兴趣，这样顾客欲望也就随之产生，尔后再促使顾客采取购买行为，最后达成交易。

(2)爱达模式操作实务。爱达模式比较适用于店堂的推销，如柜台推销、展销会推销；适用于一些易于携带的生活用品与办公用品的上门推销，也适用于新推销人员以及首次接触顾客的推销。

爱达模式具体操作步骤：

①引起顾客注意（Attention）。引起注意是指推销人员通过推销活动刺激顾客的感官，使顾客对推销人员和推销品有一个良好的感觉，把顾客的心理活动、精力、注意力等吸引到推销人员和推销品上来。通常人们的购买行为都是从注意开始的，因此，推销的第一步就是先要引起顾客的注意。顾客的注意分为有意注意和无意注意。推销人员一定要通过积极努力，强化刺激，唤起顾客的有意注意，使顾客愿意把注意力从其他事情转移到推销上来。

②唤起顾客兴趣（Interest）。唤起顾客兴趣是指唤起顾客对推销活动及推销品的兴趣，或者说是诱导顾客对推销的积极态度。兴趣与注意有着密切的关系。兴趣是在注意的基础上发展起来的，反过来又强化注意。兴趣也与需要有密切的关系。顾客对推销的兴趣都是以他们各自的需要为前提的。因此，要很好地诱导顾客的兴趣，就必须深入分析顾客的各种需要，让顾客认识到购买所能带来的好处。推销人员要利用各种方法向顾客证实推销品的优越性，以此引导他们的购买兴趣。一般来说，诱导顾客兴趣的最基本的方法是示范表演法和情感沟通法。

③激发顾客购买欲望（Desire）。激起顾客购买欲望是指推销人员通过推销活动的进行，在激起顾客对推销品的兴趣后使顾客产生对推销品强烈拥有的愿望，从而导致顾客产生购买的欲望。在推销过程中，刺激顾客的购买欲望可分为三个步骤进行：推销人员首先提出推销建议，在得到顾客反映之后，找到症结所在，然后有针对性地进行理由论证，多方诱导顾客的购买欲望，直至达成交易。

④促成顾客购买行为（Action）。促成顾客购买行为是指推销人员要不失时机强化顾客的购买意识，培养顾客的购买意向，促使顾客最终产生购买行动。促成顾客购买行动是爱达模式的最后一个步骤，它是全部推销过程和推销努力的目标，也是对前三个目标的总结和收获。这一过程要求推销人员在推销活动中必须抓住机会，坚定顾客的购买信心。顾客从产生购买欲望，到采取购买行动，还需要推销人员运用一定的成交技巧来施加影响，以促成顾客尽快作出购买决策。

2. 迪伯达模式

迪伯达模式是海因兹·姆·戈德曼根据自身推销经验总结出来的新模式，被认为是一种创造性的推销方法。“迪伯达”是六个英文字母 DIPADA 的译音。这六个英文字母分别为六个英文单词 Definition（发现）、Identification（结合）、Proof（证实）、Acceptance（接受）、Desire（欲望）、Action（行动）的第一个字母。它们表达了迪伯达公式的六个推销步骤。迪伯达推销模式认为，在推销过程中，推销人员必须先准确地发现顾客的需要和愿望，然后把它们与自己推销的商品联系起来。推销人员应向顾客证明，他所推销的商品符合顾客的需要和愿望，顾客确实需要该商品，并促使顾客接受。

迪伯达模式具体操作步骤：

(1)准确地发现（Definition）并指出顾客有哪些需要和愿望。在这一阶段，推销人员应围绕顾客的需要，探讨顾客需要解决的问题，而不要急于介绍推销品。这种做法体现了以顾客为中心的准则,最能引起顾客的兴趣,有利于制造融洽的推销气氛,有利于消除推销障碍。

(2)把顾客需要与要推销的产品结合(Identification)起来。在发现并指出了顾客的需要后,再向顾客介绍推销品,并把推销品与顾客需要联系起来,这样就能很自然地引起顾客的兴趣。

(3)证实(Proof)推销产品符合顾客的需要和愿望。证实不是简单的重复,而是推销人员使顾客认识到推销品是符合他的需要的过程。

(4)促使顾客接受(Acceptance)所推销的产品。在推销过程中,顾客往往不能把自己的需求与推销品联系起来,推销人员必须拿出充分的证据向顾客证明,推销品符合顾客的需求,他所需要的正是这些产品。当然这些证据必须是真实可信的 ,而且要达到这个目的,推销人员必须做好证据理由的收集和应用等准备工作,熟练掌握展示证据和证实推销的各种技巧。

(5)刺激顾客的购买欲望(Desire)。当顾客接受了推销品之后,推销人员应及时激发顾客的购买欲望,利用各种诱因和刺激使顾客对推销品产生强烈的满足个人需要的愿望和感情,为顾客的购买行动打下基础。

(6)促使顾客采取购买行动(Action)。这是迪伯达模式的最后一个步骤。在这一步里要求推销人员在前面工作的基础上,不失时机地劝说顾客作出最后的购买决定。这个阶段同"爱达"模式的第四个阶段"促成交易"是相同的。

迪伯达模式较适用于:生产资料市场产品、老顾客及熟悉顾客、无形产品及开展无形交易(如保险、技术服务、咨询服务、信息情报、劳务市场等)、顾客属于有组织购买即单位购买者等产品或顾客的推销。由于"迪伯达"模式紧紧抓住了顾客需要这个关键性的环节,使推销工作更能有的放矢,因而具有较强的针对性。

3. 埃德帕模式

埃德帕模式是"迪伯达"模式的简化形式,它适用于有着明确的购买愿望和购买目标的顾客。"埃德伯"是五个英文字母 IDEPA 的译音。这五个英文字母分别为五个英文单词的第一个字母。

埃德伯公式的五个推销步骤:Identification,把推销品与顾客需要结合起来;Demonstration,向顾客示范产品;Elimination,淘汰不合适的产品;Proof,证实顾客的选择正确;Acceptance,促使顾客接受产品。

在采用该模式时不必去发现和指出顾客的需要,而是直接提示哪些产品符合顾客的购买目标,这一模式比较适合于零售推销。

思考练习

1. 推销模式的具体类型有哪些?
2. 简述"爱达模式"的内容和具体步骤。
3. 简述"迪伯达模式"的步骤。

单元要点归纳

本单元主要讲述推销观念的产生和发展、推销环境分析、推销方格理论和推销模式。

推销观念产生于商品生产方式。经历了古老的推销技术、生产型推销、销售型推销和现代推销的发展演变。推销观念大致经历了传统推销观念、现代推销观念和社会利益观念三个阶段。

影响和制约企业推销活动的内、外部力量和因素的集合就是企业的推销环境。推销环境具有客观性、相关性、不确定性和可转换性。影响推销环境的因素包括宏观环境因素和微观环境因素。

推销方格理论分为推销方格和顾客方格两部分。推销方格是研究推销活动中推销人员的心理活动状态;顾客方格则是研究顾客在推销活动中的心理活动状态。

推销方格与推销心态类型有:“无所谓”型、“顾客导向”型、“推销导向”型、“推销技巧导向”型、“解决问题”型。

顾客方格与顾客心态类型有:漠不关心型、软心肠型、防卫型、干练型、寻求答案型。

推销模式是指根据推销活动的特点及对顾客购买活动各阶段的心理演变应采取的策略,归纳出一套程序化的标准推销方式。

应用最广泛的四种模式,即爱达(AIDA)模式、迪伯达(DIPADA)模式、埃德帕(IDEPA)模式、吉姆(GEM)模式、费比(FABE)模式。

爱达模式具体操作步骤:引起顾客注意、唤起顾客兴趣、激发顾客购买欲望、促成顾客购买行为。

迪伯达模式的操作步骤:准确地发现并指出顾客有哪些需要和愿望、把顾客需要与要推销的产品结合起来、证实推销产品符合顾客的需要和愿望、促使顾客接受所推销的产品、刺激顾客的购买欲望、促使顾客采取购买行动。

埃德伯公式的五个推销步骤:把推销品与顾客需要结合起来、向顾客示范产品、淘汰不合适的产品、证实顾客的选择正确、促使顾客接受产品。

费比模式的四个步骤:把产品的特征详细介绍给顾客、充分分析产品优点、尽数产品给顾客带来的利益、最后以证据说服顾客购买。

案例分析

利用消费者来进行推销

东南亚某国斯塔丽公司，独家办理推销法国莱莎蒂的美发用品，如洗发香波、护发素、定型水、亮发摩丝、特效发乳等等。但斯塔丽公司并不是把所代理的美发用品推销给各大百货公司的化妆品柜，也不是推销给各家超市，再由他们出售给消费者，而是把消费者对象定位为理发店。斯塔丽公司的推销信条是：一定要使本公司推销的美发用品受到理发店的欢迎和好评。因而，斯塔丽公司的推销人员不断地进出各大小理发店，就莱沙蒂美发用品的优点与特点进行说明，并使相当数量的理发店开始使用。而理发店一旦确定使用这一品牌的美发用品后，到理发店的顾客也就随之成为这种美发用品的消费者。同时，由于这种美发用品是理发师所选用的，无形之中，使莱沙蒂公司的品牌有了特殊的吸引力，使消费者感到这种美发用品比起其他商店能够随便买到的同类用品更具魅力，进而对这一品牌产生了好感，大大扩大了知名度。

斯塔丽公司通过把消费者定位在理发店，让消费者通过消费本身来进行有效地推销证明，取得了很大的成功。尽管成效显著，但斯塔丽公司所经销的莱沙蒂美发用品从不随意通过那些一般的渠道销售，他们仍然只通过理发店在为顾客进行理发的同时，顺带销售这类美发用品，让具有亲身感受的消费者去吸引更多的消费者。

1. 你对斯塔丽公司的推销说明有何评价？

2. 当莱沙蒂品牌打响后，斯塔丽公司为何仍然把推销重点定位在理发店？谈谈你对这一做法的看法。

3. "消费者本身也具有推销能力"，这句话对吗？是什么原因？

4. 斯塔丽公司采用了哪种推销模式？

第三单元　推销人员的基本素质与礼仪

单元概述

如今，市场经济日臻完善，商品推销已摆脱了传统的模式，各种类型的推销人员在商品经济大潮中各司其职，各显身手。同时，市场经济要求推销人员承担更多的职责，具有更优良的素质。如何使自己成为一名优秀的推销人员，以承受社会和企业的重托与厚望，是每一位推销人员或将要成为推销人员的人都应该认真思考的问题。

本单元主要就电气专业推销人员应该具备的基本素质以及基本礼仪进行介绍。

单元目标

- 了解电气相关产品的几种常见类型。
- 掌握推销人员应具备的基本素质。
- 能够灵活运用推销人员的基本礼仪。

学习任务1 电气商品分类

任务概述

本任务主要讲述电气商品的几大种类名称，并详细地介绍各大类别中的代表性商品。

任务目标

- 了解电气商品的几大种类。
- 熟悉每大类目录中的代表性商品。

学习内容

电气产品的几大种类

1. 低压配电

有低压断路器（图3－1）、低压配电开关（图3－2）、熔断器、电涌保护器、智能配电、漏电保护装置等。

图3－1 低压断路器

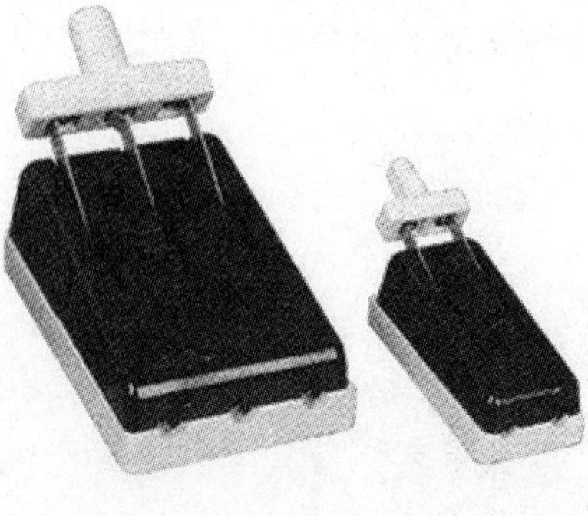

图3－2 低压配电开关

2. 低压控制

有继电器（图3－3）、接触器（图3－4）、线圈、电动机启动器等。

3. PLC

有一体化PLC（图3－5）、PLC周边产品、机架式PLC等。

4. 人机界面

有触摸屏(图 3－6)、图控产品、触摸屏附件、触摸屏电缆等。

5. 变频传动

有变频器(图 3－7)、变频器附件、软启动器等。

图 3－3 继电器

图 3－4 接触器

图 3－5 一体化 PLC

图 3－6 触摸屏

图 3－7 变频器

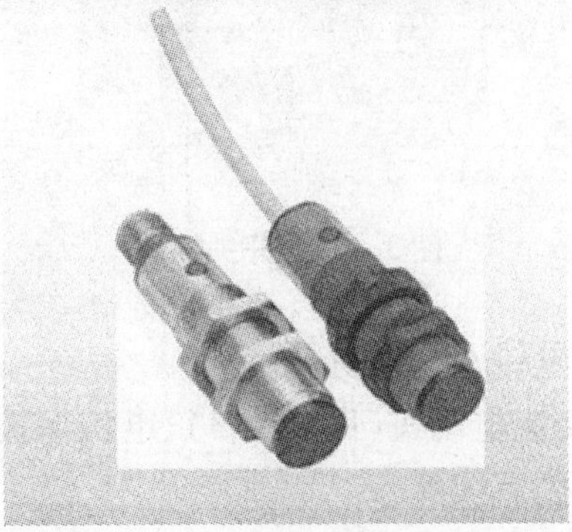

图 3－8 传感器开关

6. 传感器

有传感器开关(图 3－8)、传感器附件、安全传感器等。

7. 仪器仪表

有电工仪表(图 3－9)、工控仪表等。

8. 控制元件

有控制开关、按钮/指示灯(图 3－10)、报警灯、电位器、定时器等。

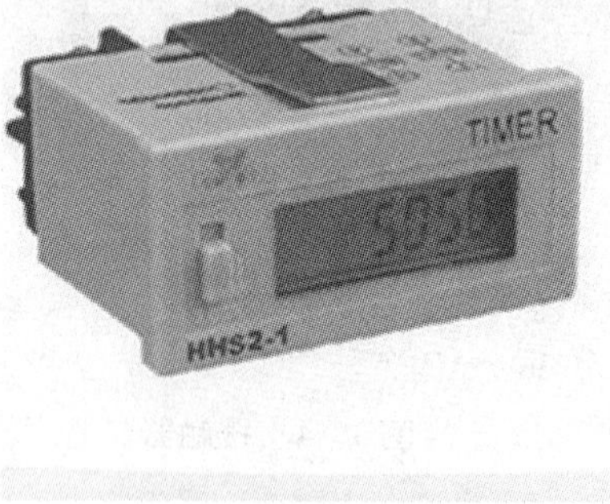

图 3－9　电工仪表

图 3－10　按钮

9. 伺服传动

有伺服系统、伺服编码器电缆等。

10. 家居电气

有开关插座(图 3－11)、智能开关、照明灯具、安全插排、LED 节能灯(图 3－12)等。

图 3－11　开关插座

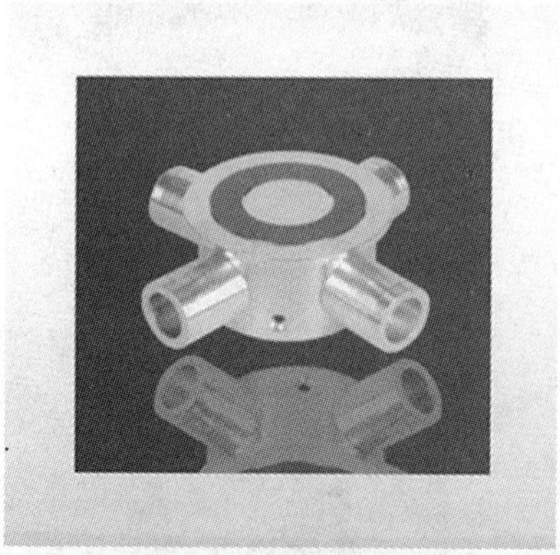

图 3－12　LED 节能灯

11. 电机及减速机

有交流电动机(图 3－13)、电机保护器、直流电动机、减速机等。

12. 成套线配

有电线、扎带、安装固定管、热缩管等。

13. 直流传动

有直流调速器、直流调速器附件等。

14. 电气安装

有机柜系列、端子(图 3－14)、开关电源等。

图 3－13 交流电动机

图 3－14 端子

思考练习

1. 你知道下列图片中的商品分别属于哪一大类吗？它们的名称分别是什么？

A 图

B 图

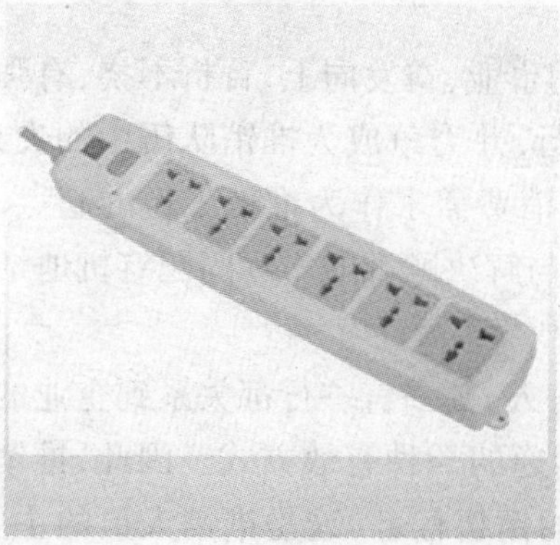

C 图

D 图

2. 请至少列举 5 种你所熟知的电气商品品牌,并举例说明其具有代表性的电气商品。

学习任务2 推销人员的基本素质

任务概述

在市场竞争日益激烈的今天,企业经营者越来越意识到企业销售优势比企业生产优势更为重要。要取得销售上的优势,企业必须建立一支精干的推销队伍。虽说人人都可以成为推销人员,但要成为一名称职的推销人员,必须具备与之相适应的综合素质。一个企业推销人员的素质与能力关系到企业的生存与发展。

任务目标

- 掌握推销人员应具备的基本素质。

学习内容

作为一名合格的推销人员,主要应该具备以下基本素质。

一、思想素质

推销工作是一项创造性的、艰苦的脑力和体力劳动,因此要求推销人员具有强烈的事业心、高度的责任感、坚强的意志和毅力。在推销活动中,任何事情都可能发生,如果一遇到困难就灰心丧气,其推销任务将永远不可能完成。

1. 强烈的事业心

作为推销人员,应该热爱自己所从事的推销事业,奋发向上,百折不挠,有强烈的成就事业之心,才能真正做到干一行、钻一行、爱一行,并力争成为推销队伍中的尖兵;作为推销人员,必须树立正确的推销观念,把满足顾客消费需求作为推销工作的起点,诚心诚意为顾客着想,全心全意为顾客服务,把推销商品与解决顾客的实际问题有机地结合起来。

2. 高度的责任感

推销人员是企业的销售代表,是企业的代言人,其一言一行都关系到企业的声誉与形象;同时,推销活动也是企业与顾客进行信息沟通的一种有效方式。因此,推销人员首先必须具有高度的责任感,想方设法地完成企业的销售任务,这是推销人员的主要工作,也只有这样,才能算得上是合格的推销人员。其次,推销人员代表的是一个企业,除完成一定的推销任务外,还需要在推销活动中为企业树立良好的形象,与顾客建立和保持良好的、融洽的关系,不能为了实现推销定额而损害企业的形象和信誉。推销任务即使完不成,还能够依赖其他的促销方式弥补,但企业良好形象一旦遭到践踏与损害,就不是一朝一夕的工夫可以重新建立起来的。因此，推销人员千万不要以牺牲企业形象来换取本期的销售定额。再次，推销人员的责任除了表现在完成销售定额与树立企业形象外，也表现在推销人员应向顾客负责，推销给顾客的商品应该是真正满足其需求、能够为其排除困难、解决实际问题的产品，而企业销售利润的实现只能作为顾客需求得以满足的"副产品"。

3. 坚强的意志和毅力

推销活动以人为工作对象，而人又是复杂多变的。因此，影响推销成功的不确定性因素很多，这也决定了推销的难度很大。在重重的困难面前，推销人员必须具备一往无前，压倒一切困难而不被困难所压倒的勇气，必须具备百折不挠的毅力与韧劲。这种勇气、毅力和韧劲不但要体现在一场场推销的战役、战斗中，更要贯穿于整个营销生涯。

在推销活动中，只要有1%的成功可能性就要用100%的行动去争取，这就是百折不挠精神在推销中的具体体现。在某些场合，勇气和毅力比经验、技巧更为重要。

二、文化、业务素质

推销工作不是一项轻而易举的工作，而是一项极富创造性与挑战性的工作，因此推销人员除具备过硬的思想素质外，也要求具有较高的文化素质。推销人员在推销过程中，会接触到各种各样的顾客，他必须在较短的时间内迅速作出判断，并确定具体的推销方式与技巧。推销人员具备的文化知识越丰富，获取良好推销成果的可能性就越大。

推销人员的文化素质，主要表现在对以下几方面知识的掌握：

1. 企业方面的知识

一个成功的推销人员，不仅要具备丰富的基础学科知识，而且应熟悉本企业的全部情况。市场上同类产品很多，顾客有着较大的选择余地。这时，对自己企业了解最多的推销人员就极有可能取得顾客的信任，从而获得订单。企业情况，一般包括企业规模、企业声誉、企业产品、企业对顾客的支持、企业财务状况、企业优惠政策等，往往成为客户判断企业是否值得依赖、是否选购该企业产品的重要依据。推销人员是企业的代表，必须十分了解有关企业的一切信息，并保证让顾客能够准确、充分地接收与理解这些信息，这样才能促使顾客签下订单。具体地说，推销人员应了解有关自己企业的以下信息：

（1）企业的历史。

（2）企业在同行业中的地位和影响力。

（3）企业的经营理念和特点。

（4）企业的经营范围和产品、服务种类。

（5）企业的财务状况。

（6）企业的人事结构，特别是总裁和高层管理人员状况。

（7）企业的信用政策。

（8）企业的订单处理程序。

（9）企业的折扣政策和顾客奖励政策。

2. 产品方面的知识

推销工作本身要求推销人员必须向顾客介绍、推荐产品，如果自不懂得所推销产品的知识将是不可想象的。因此，作为称职的推销人员，首先应掌握产品自身的技术性能，包括构成产品的原材料是什么，推销品的性能数据，产品规格、型号、外观，产品的特色，能满足顾客什么样的用途等。其次，应掌握产品使用与维修方面的技术与知识。推销人员在推销一些顾客不常买且价格昂贵的产品时，通常需要亲自示范操作，并要常走访客户以了解其使用情况，对一般性的技术问题应能及时排除。在现代市场营销中，为了赢得竞争，就应特别注意自己的产品与竞争对手的产品之间的差异，有哪些特点和优势，存在哪些不足，以便在推销中扬长避短，利用优势，战胜对手，促成交易。

3. 市场方面的知识

推销人员应接受一定程度的教育，掌握必要的理论知识与实务技能，包括市场营销理论、市场营销调研方法、推销技巧等方面的知识，熟悉有关市场方面的政策、法令和法规。

4. 顾客方面的知识

推销人员还要懂得消费者心理与购买行为方面的知识，因此应掌握商业心理学、公共关系学、人际关系学、行为科学和社会学等方面的知识，以便分析顾客的购物心理，并据此运用合适的推销手段。

5. 竞争方面的知识

要成功地实施推销，还必须掌握同行业竞争状况的信息，包括整个行业的产品供求状况，企业处于什么样的竞争地位，竞争品有哪些优点，本企业产品有哪些优点，竞争品的价格，竞争品的销售策略等。

三、身体素质

推销人员的推销工作既是一项复杂的脑力劳动，也是一项艰苦的体力劳动。推销人员的工作性质决定了他必须有强健的身体方能胜任，健康的身体是实施推销活动一切策略的物质保证。推销人员经常外出推销，在必要时还得携带样品、目录、说明书等，特别是对于工业品的推销，需要推销人员进行安装、操作、维修等，劳动时间长，劳动强度大。因此，推销人员只具备了过硬的思想素质与文化素质，而没有强健的身体、旺盛的精力、充满活力的朝气，其推销设想与计划只不过是空中楼阁、海市蜃楼，永远都不可能实现，他自己也绝对不会成为出色的推销人员。强健的身体是成功推销的基础与前提。

四、心理素质

成功的推销人员都比较注重培养一种有利于达成交易的个人心理素养。实践也证明，有些人比较擅长于做社交、公关与产品推销的工作，而有些人则擅长于做细致的研究工作。推销活动是一种面向千百万人的工作，因而要求推销人员具有以下几方面的心理素质：

1. 性格外向

一般来说，性格外向的人易于与他人接洽，也擅长辞令，易接受别人，别人也能较快地接受他，这有利于向陌生顾客开展推销工作。而性格内向的人，不善社交与辞令，不容易与顾客接触,掌握的推销对象有限。因此,外向型性格的人比较适合从事推销工作。如果是性格内向,且不打算进行自我调整,最好是另谋生计。

2. 自信心强

作为一名推销人员,应该有这样一种感觉:“不管遇到多么大的困难,我都能解决,我都能对付,我都能完成任务。”这样一种感觉就是自信心,这种自信心是在不断获取经验的过程中逐步建立起来的。初涉推销业时,由于根基太浅,尚未积累起足够的经验,不会有多少自信心。但在自信心不断树立,才干不断增长的过程中,也必须培养忍耐性和宽容心。如果推销人员耐性有限,容不得客户挑剔的眼光,则他的推销经验与自信心可能永远也不会达到极点,自信心将荡然无存。

3. 良好的个性品格

作为推销人员应履行自己的承诺,让顾客感觉到你确确实实是一个值得信赖的人。如果出尔反尔,经常违约,不遵守自己的允诺,会使竞争者轻易地从你手中抢走你的客户,也不利于培养和建立长期稳定的关系。做到诚实,言行一致,不说大话,是推销人员优良品格的最基本要求。

推销人员具备了一定的思想素质、文化素质、心理素质与身体素质,只是具备了当一名好推销人员的基本条件,并不一定能成为一名出类拔萃的推销人员。一名杰出的推销人员除具备上述这些基本素质外,还应有一定的能力。推销人员的能力是其在完成商品推销任务中所必备的实际工作能力。优秀的推销人员应具备较强的观察力、创造力、社交能力、语言表达能力及应变能力等。

观察能力是指人们对所注意事物的特征具有的分析判断和认识的能力。具有敏锐观察力的人,能透过看起来不重要的表面现象而洞察到事物的本质与客观规律,并从中获得进行决策的依据。新发明、新产品、新广告、新观念、新方法的魅力在于其“新”,推销人员推销时的吸引力也出自于“新”,他如何在推销过程中创新,有赖于他对新鲜事物的高度敏感性,这就要求推销人员具有超凡的观察能力。

例如,在商业谈判中,推销人员应该从对方的谈话用词、语气、动作、神态等微妙的变化去洞察对方的心理,这对销售成功至关重要。

推销人员应随时注意周围事物的变化以及一切发生在周围的事情。只有投身于变化的环境中并充满好奇心,细心观察,才能获取瞬息万变的情报信息。

在工作中,推销人员要养成把一切所见、所闻的东西与自己工作紧密联系起来的习惯。例如,在登门拜访客户时,应能用眼睛一扫就把房间的一切摆设和人物活动的情形尽收眼底,进而总结出这个家庭的特点。

推销工作是一种具有综合性、复杂性,体脑结合的创造性劳动。在推销活动中,推销人员应当注重好奇、敏锐、自信、进取等诸方面创造性素质的培养,不断开拓新市场,结识新顾客,解决新问题。解决问题需要特殊的方法,当面临着前所未遇的难题时,杰出的推销人员应充分展开自己的想象力,对以往的经验和概念加以综合,从而构建出全新的解决方法。对推销人员而言,开拓一个新市场、发掘一个新客户,采用一种别出心裁的推销手段,都必须首先具有开拓创新的精神和能力。推销人员不仅要满足现实的需求,更要创造和发现潜在的需求。

推销人员向客户推销商品的过程,实际上也是一种信息沟通的过程。推销人员必须善于与他人交往,有较强的沟通技巧,同时也能维持和发展与顾客之间长期稳定的关系,待人随和,热情诚恳,能设身处地地从顾客的观点出发,为顾客解决实际问题,取得客户的信任、理解与支持。推销人员除具备推销领域必须掌握的丰富专业知识外,还应有广泛的兴趣爱好,宽阔的视野,以便能够得心应手、运用自如地应付不同性格、年龄、爱好的顾客。

社交能力不是天生的,是在推销实践中逐步培养的。要培养高超的交往能力,推销人员必须努力拓宽自己的知识面,同时要掌握必要的社交礼仪。推销人员应敢于交往,主动与人交往,不要封闭自己。

推销人员的接洽工作总是以一定的语言开始的,不管是形体语言、物质载体语言还是文字语言,都要求推销人员通过语言准确地表达推销品的信息,同时也能使推销对象清楚地了解和明白推销品的方方面面。如果推销人员语言贫乏,词不达意,前言不搭后语,逻辑性差、思路不清,拙嘴笨舌,顾客是不可能接受这样的推销人员的,也不可能接受他所推销的商品,他也不可能获得订单。优秀的销售人员应该是具有超人天赋的演说家,也是富有鼓动的"辩才",能言善辩,但同时又是最忠诚的听众,善于聆听顾客的意见。不要以为日常交际中的谈话与大庭广众中的推销交谈是一样的,即使能说会道的人,如果让他面对很多人讲话,他也可能怯场,可能连平常百分之一的讲话水平都不能发挥出来。因此,推销人员要掌握推销交谈中的诀窍。

拓展阅读

世界推销之神——乔吉拉德的推销经典法则

一、250 定律:不得罪一个顾客

在每位顾客的背后,都大约站着 250 个人,这是与他关系比较亲近的人:同事、邻居、亲戚、朋友。如果一个推销员在年初的一个星期里见到 50 个人,其中只要有两个顾客在与他的会面中感到不愉快,到了年底,由于连锁影响就可能有 5 000 个人不愿意和这个推销员打交道,他们知道一件事:不要跟这位推销员做生意。这就是乔 · 吉拉德发现的 250 定律。由此,乔得出结论:在任何情况下,都不要得罪哪怕是一个顾客。

在乔的推销生涯中,他每天都将 250 定律牢记在心,抱定生意至上的态度,时刻控制着自己的情绪,不因顾客的刁难,或是不喜欢对方,或是自己心绪不佳等原因而怠慢顾客。乔说得好:"你只要赶走一个顾客,就等于赶走了潜在的 250 个顾客。"

二、名片满天飞:向每一个人推销

每一个人都使用名片,但乔的做法与众不同:他到处递送名片,在餐馆就餐付账时,他把名片夹在账单中;在运动场上,他把名片大把大把地抛向空中。名片漫天飞舞,就像雪花一样,飘散在运动场的每一个角落。你可能对这种做法感到奇怪。但乔认为,这种做法帮他做成了一笔笔生意。

乔认为,每一位推销员都应设法让更多的人知道他是干什么的,销售的是什么商品。

这样，当他们需要他的商品时，就会想到他。乔抛撒名片是一件非同寻常的事，人们不会忘记这种事。当人们买汽车时，自然会想起那个抛撒名片的推销员，想起名片上的名字：乔·吉拉德。同时，要点还在于，有人就有顾客，如果你让他们知道你在哪里，你卖的是什么，你就有可能得到更多生意的机会。

三、建立顾客档案：更多地了解顾客

乔说："不论你推销的是任何东西，最有效的办法就是让顾客相信——真心相信——你喜欢他，关心他。"如果顾客对你抱有好感，你成交的希望就增加了。要使顾客相信你喜欢他、关心他，那你就必须了解顾客，搜集顾客的各种有关资料。

乔中肯地指出："如果你想要把东西卖给某人，你就应该尽自己的力量去收集他与你生意有关的情报……不论你推销的是什么东西。如果你每天肯花一点时间来了解自己的顾客，做好准备，铺平道路，那么，你就不愁没有自己的顾客。

刚开始工作时，乔把搜集到的顾客资料写在纸上，塞进抽屉里。后来，有几次因为缺乏整理而忘记追踪某一位准顾客，他开始意识到自己动手建立顾客档案的重要性。他去文具店买了日记本和一个小小的卡片档案夹，把原来写在纸片上的资料全部做成记录，建立起了他的顾客档案。

乔认为，推销员应该像一台机器，具有录音机和电脑的功能，在和顾客交往过程中，将顾客所说的有用情况都记录下来，从中把握一些有用的材料。

乔说："在建立自己的卡片档案时，你要记下有关顾客和潜在顾客的所有资料，他们的孩子、嗜好、学历、职务、成就、旅行过的地方、年龄、文化背景及其他任何与他们有关的事情，这些都是有用的推销情报。所有这些资料都可以帮助你接近顾客，使你能够有效地跟顾客讨论问题，谈论他们自己感兴趣的话题，有了这些材料，你就会知道他们喜欢什么，不喜欢什么，你可以让他们高谈阔论，兴高采烈，手舞足蹈……只要你有办法使顾客心情舒畅，他们不会让你大失所望。"

四、猎犬计划：让顾客帮助你寻找顾客

乔认为，干推销这一行，需要别人的帮助。乔的很多生意都是由"猎犬"（那些会让别人到他那里买东西的顾客）帮助的结果。乔的一句名言就是："买过我汽车的顾客都会帮我推销"。

在生意成交之后，乔总是把一叠名片和猎犬计划的说明书交给顾客。说明书告诉顾客，如果他介绍别人来买车，成交之后，每辆车他会得到25美元的酬劳。

几天之后，乔会寄给顾客感谢卡和一叠名片，以后至少每年他会收到乔的一封附有猎犬计划的信件，提醒他乔的承诺仍然有效。如果乔发现顾客是一位领导人物，其他人会听他的话，那么，乔会更加努力促成交易并设法让其成为猎犬。

实施猎犬计划的关键是守信用——一定要付给顾客25美元。乔的原则是：宁可错付50个人，也不要漏掉一个该付的人。猎犬计划使乔的收益很大。

1976年，猎犬计划为乔带来了150笔生意，约占总交易额的三分之一。乔付出了1 400美元的猎犬费用，收获了75 000美元的佣金。

五、推销产品的味道:让产品吸引顾客

每一种产品都有自己的味道,乔·吉拉德特别善于推销产品的味道。与“请勿触摸”的做法不同,乔在和顾客接触时总是想方设法让顾客先“闻一闻”新车的味道。他让顾客坐进驾驶室,握住方向盘,自己触摸操作一番。

如果顾客住在附近,乔还会建议他把车开回家,让他在自己的太太、孩子和领导面前炫耀一番,顾客会很快地被新车的“味道”陶醉了。根据乔本人的经验,凡是坐进驾驶室把车开上一段距离的顾客,没有不买他的车的。即使当即不买,不久后也会来买。新车的“味道”已深深地烙印在他们的脑海中,使他们难以忘怀。

乔认为,人们都喜欢自己来尝试、接触、操作,人们都有好奇心。不论你推销的是什么,都要想方设法展示你的商品,而且要记住,让顾客亲身参与,如果你能吸引住他们的感官,那么你就能掌握住他们的感情了。

六、诚实:推销的最佳策略

诚实,是推销的最佳策略,而且是唯一的策略。但绝对的诚实却是愚蠢的。推销容许谎言,这就是推销中的“善意谎言”原则,乔对此认识深刻。

诚为上策,这是你所能遵循的最佳策略。可是策略并非是法律或规定,它只是你在工作中用来追求最大利益的工具。因此,诚实就有一个程度的问题。

推销过程中有时需要说实话,一是一,二是二。说实话往往对推销员有好处,尤其是推销员所说的,顾客事后可以查证的事。

乔说:“任何一个头脑清醒的人都不会卖给顾客一辆六汽缸的车,而告诉对方他买的车有八个汽缸。顾客只要一掀开车盖,数数配电线,你就死定了。”

如果顾客和他的太太、儿子一起来看车,乔会对顾客说:“你这个小孩真可爱。”这个小孩也可能是有史以来最难看的小孩,但是如果要想赚到钱,就绝对不可这么说。

乔善于把握诚实与奉承的关系。尽管顾客知道乔所说的不尽是真话,但他们还是喜欢听人拍马屁。少许几句赞美,可以使气氛变得更愉快,没有敌意,推销也就更容易成交。

有时,乔甚至还撒一点小谎。乔看到过推销员因为告诉顾客实话,不肯撒个小谎,平白失去了生意。顾客问推销员他的旧车可以折合多少钱,有的推销员粗鲁地说:“这种破车。”乔绝不会这样,他会撒个小谎,告诉顾客,一辆车能开上 12 万千米,他的驾驶技术的确高人一等。这些话使顾客开心,赢得了顾客的好感。

七、每月一卡:真正的销售始于售后

乔有一句名言:“我相信推销活动真正的开始在成交之后,而不是之前。”推销是一个连续的过程,成交既是本次推销活动的结束,又是下次推销活动的开始。推销员在成交之后继续关心顾客,将会既赢得老顾客,又能吸引新顾客,使生意越做越大,客户越来越多。

“成交之后仍要继续推销”,这种观念使得乔把成交看作推销的开始。乔在和自己的顾客成交之后,并不是把他们置于脑后,而是继续关心他们,并恰当地表示出来。

乔每月要给他的一万多名顾客寄去一张贺卡。一月份祝贺新年,二月份纪念华盛顿诞辰日,三月份祝贺圣帕特里克日……凡是在乔那里买了汽车的人,都收到了乔的贺卡,也就记住了乔。正因为乔没有忘记自己的顾客,顾客才不会忘记乔·吉拉德。

思考练习

1. 推销人员应该具备的基本素质有哪些?
2. 推销人员应该具备的能力有哪些?

学习任务3 推销人员的基本礼仪

任务概述

推销人员是企业的外交官,是企业与顾客沟通的友好使者,他们所代表的不仅仅是他们自己,他们的一言一行、一举一动都代表着企业的形象。为了树立良好的企业形象,以使推销工作顺利开展,推销人员应注重推销的基本礼仪,在推销商品之前,先把自己推销给顾客,顾客接受了你这个人,才可能接受你所推销的商品。推销自己,就是要推销自己的言谈举止、仪表风度、个性品质、处事原则和价值观念等。

任务目标

- 了解并能够运用推销人员应该具备的基本礼仪。

学习内容

推销人员的主要礼仪有:①具有吸引力的外表、得体的服装加上恰当的装饰,必然会给顾客留下深刻与强烈的第一印象,使顾客产生深入交往下去的兴趣。这里强调三位一体,即仪表、服饰与打扮应有机结合,因为只具备某些局部的优势,可能并不能形成好的感觉。例如,有着富有魅力的(有吸引力的,但不等于漂亮的)脸庞,并不能说明这个人就是美的。推销人员讲究自身的仪表与装束并不是本末倒置,也不是为了显示,而只是为了在推销商品时不必为自己的仪表担忧。推销人员展示在顾客面前的绝非只是面部与头部,消费者关注的是你这个有得体服装所包装的完整的人,消费者重视的是你的气质、风度与精神面貌。②适宜的衣着是仪表的关键,因此推销人员必须注意其服饰与装束。服饰的穿着没有固定的模式,应该根据预期的场合、所推销的商品类型等灵活处理。一般来说,推销人员穿白衬衣,打领带,配深色西装为宜。如果故意穿奇装异服,想以此给你的推销对象留下深刻的印象,则是不明智的。推销人员的服饰应与他们要走访对象的服饰基本吻合,如果反差太大,你的对象将难以接受你及你推销的商品,会使受访者自惭形秽,内心紧张,失去适宜的推销氛围。如果一名推销人员穿着笔挺的西装、锃亮的皮鞋,珠光宝气地去走访农户,那无疑是自寻绝路。推销人员的服饰还应与推销对象所在的场合相一致,如果你的推销对象是在工作场所，则穿着应较为正规；如果走访对象是在家庭，则穿着应当随便一些；如果你走访的对象是高层管理者，则应注意服饰的品牌、质地。推销人员也应注重自身的整洁状况和卫生习惯，尤其是男推销人员，应经常修理自己的胡须、头发，给人以精神饱满的感觉，不能不修边幅，使顾客恶心，从而失去了推销机会。

总之，精干的外表、匀称的体型、得体的服饰会使顾客形成一个良好的整体印象，它将对推销活动产生重大影响，绝不能忽视第一印象的重要性。

【资料库】

推销人员着装的参考标准：

(1)一定要身着西装或者轻便西装，不可买品质低劣的衣服，因为穿这种衣服时，会被人视为是推销失败的象征。

(2)衣着的式样和颜色应该尽量保持大方、稳重。

(3)参加正式的商业洽谈或较严肃的销售会议，应穿深色的服装，越是严肃的场合，越需要注意服饰。

(4)浅色的衣服看起来较亲切，不会让人感到有压迫感，但只适合较轻松的商业会议或一般推销。

(5)不可以穿着代表个人身份或宗教信仰的标记服饰。

(6)不要佩戴太多的装饰品。

(7)千万不要穿绿色衣服或流行服装，因为这些服饰经常在变化，会给客户以不稳定、不成熟和不可靠的感觉。

(8)不要穿双层针织裤和衬衫，因为双层针织款式感觉不专业，也会将缺点显露出来。

(9)可以佩戴某种能代表本公司的标志，或者穿上与产品形象相符合的衣服，以便使客户相信你的言行。

(10)绝对不要戴太阳镜或变色镜，否则会让客户看不到你的眼睛，这样很难赢得客户对你的信任。

除了仪表和服饰之外，推销礼仪还包括推销人员的言谈举止习惯。如果说仪表是取得与顾客交谈的钥匙，那么言谈举止是征服顾客心灵并取得其信任的推进器。透过一个人的言谈举止，可以看出这个人的自我修养水平。客户对推销人员的良好印象，不但来自推销人员亮丽、和谐的外表，更要靠推销人员高雅不凡的谈吐举止。

一、敲门礼仪

推销人员到达拜访对象门前时，无论门是关闭的还是开着的，都应轻轻适度地敲门。如果门是关闭的，敲门后，推销人员应退后一步，等待客户开门。如果门是开启或虚掩的，应得到客户的同意，方可进入室内。雨天拜访客户时，雨具不应带入室内而应放在室外或指定的地方。看到客户时，应该点头微笑，表示友好。自此，微笑的表情应一直保持到拜访完毕离开客户时为止。

二、自我介绍和递(接)名片的礼节

自我介绍是推销人员表明身份的常见方式。自我介绍时,要简要明了。一般情况下,推销人员可先说声“您好”,然后报上自己的身份和姓名。如果有同行者,首先自我介绍,接着介绍同行人的身份和姓名。推销人员可以在问候客户时或自我介绍时递上自己的名片。

名片的正确递法应该是:当双手均空时,应以双手的食指弯曲与大拇指一起分别夹住名片的两只角,名片上的字体反向对己,正向朝对方,使对方接过名片就可正读。在只有一只手有空的情况下,应把右手的手指并拢,将名片放在掌上,以食指的根部与拇指夹住名片,恭敬地送向对方,字体朝向同上。

接受对方名片时应注意,必须双手去接,接过对方名片后,一定要专心地看一遍,切不可漫不经心地往口袋一塞了事。遇有冷僻字时,可向对方请教,这是谦虚有礼貌的表现,表示你很重视、很认真。不可将其他东西放在名片上,或下意识地摆弄名片,这是对对方不尊重的表现。有时候推销人员想得到对方的名片,在对方忙于说话未主动给你时,你可主动要求,一般对方不会拒绝。

三、称呼礼节

无论是面见客户,还是打电话、写信给客户,总少不了称呼对方。恰如其分地称呼对方是推销礼仪的内容之一,称呼对方要考虑场合、与对方的熟悉程度以及对方的年龄、性别、职务等因素。

在比较正式的场合,一般用“姓”加“职务”称呼对方。如果推销人员与客户很熟悉,且关系极好,自己的年龄、职务均低于对方,可称对方为“张大哥”“李大姐”;如果自己的年龄、职务均高于对方,可直呼其名或“小张”“小李”等。

通常情况下,也可称男性为“先生”,青年女性客户为“小姐”,中老年女性客户为“女士”。可在称谓前冠以对方的姓,对教育、新闻、出版、文艺界人士不论职务、职位可统称为“老师”,对蓝领工人可称为“师傅”。

四、问候礼节

问候客户是推销礼仪的内容之一。打招呼时,一定要亲切、热情,应是发自内心的问候,而不只是一种表面的形式,要真正从情感上打动顾客。推销人员应因人、因时、因地选择一个合适的话题与客户打招呼,而寒暄或问候客户是从相识、相见(老客户)到正式会谈的必要的过渡环节。它能起到缩短推销人员与客户的感情距离,自然进入正式会谈的作用。

1. 新、老客户都适用的话题

关于时间的问候,就是根据见面的时间特征问候客户,例如“早晨好”“下午好”等。关于天气的问候,就是以见面时的天气情况为话题与客户寒暄,例如“早上还下雨,这会儿出太阳了,真好”,“南方的空气湿润,感觉真好”。寒暄时以赞美为主,不要抱怨,以免破坏会谈气氛。

2. 仅对老客户适用的话题

关于客户兴趣爱好的问候，例如“最近又有大作发表吧？”“最近股票炒得还好吧？”等。关于客户行动的问候，就是根据客户最近的活动情况，找出适当的话题问候客户，例如“北京之行收获挺大吗？去上海出差还顺利吧？”等。关于客户健康容貌问题的问候，例如“嗬！一年不见，您依然光彩照人”等。

五、握手礼仪

握手是现代人相互致意的最常见的礼仪，在推销活动中，推销人员与客户见面或告别时应当握手。

握手时，双方应正视对方的脸和眼睛，面带微笑，双脚不能分得太开。推销人员为了表示对客户的尊敬可稍稍欠身或双手握住对方。推销人员与客户均为男性时，手应握满，并稍加用力地抖动一两下。握手时，如果手疲软无力，会给对方不够真诚热情、敷衍了事的印象；加力太大，则又有热情过度、鲁莽之嫌。所以，握手时，推销人员应根据对方的个头、体质，适当把握加力程度。

女推销人员与客户见面时，应主动伸手以示友好。男推销人员面见女性客户，则应等女客户伸手时，才能相应地伸出手去。男性与女性握手，通常只握一下女性手指部分，动作应轻柔。

握手的时间，以两三秒为宜。

六、面谈中的礼节

一般情况下，在客户未坐定之前，推销人员不应该首先坐下。

面见新客户时，椅子或沙发不要坐得太满，背部与椅子或沙发的靠背自然贴靠，上身不宜大角度后仰，身体应尽量端正，两脚成平行放好。将腿向前直伸或向后弯曲，都会使人反感。

正确的站姿是两脚着地，两脚成45°，腰背挺直，自然挺胸，脖颈伸直，两臂自然下垂。

对客户提供的任何帮助或服务，如帮着提行李、敬茶等，均应随口而出地说“谢谢！”绝对不可任意取用或玩弄客户室内、桌上的东西，如确实需要使用，应先征得客户的同意。

以积极的心态认真听客户讲话，眼神注视对方，如果你赞同客户陈述的观点，应以欠身、点头或以语言“对，是这样”“是的，您说得很对”等，表示同意和鼓励。如因对方语速快、声音小或其他原因没听清楚对方的意思，可以说：“对不起，我没听清楚，请再说一遍。”

推销人员在陈述推销意见和进行现场示范表演时，态度要热情，语气要平和，动作要沉稳、有序，不要紧张、忙乱，否则会给人留下信心不足、业务不熟、缺少训练、不成熟的印象。

交谈结束时，要细心收拾在谈话中出示的文件资料和示范用品。如果是留给客户的文件资料、示范用品，要理在一起，明确告诉客户。如果确实占用了客户不少时间，告别前应该说：“对不起，今天占用了您那么多宝贵的时间。”然后握手告别。

推销人员在面见客户时,除了遵守一些基本的推销礼节外,还应该尽量避免各种不礼貌或不文雅的习惯,比如:心不在焉,东张西望,不认真听客户讲话,脚不停地颤抖或用脚敲击地板发出响声,不停地看表,神不守舍,慌慌张张,把物品碰落在地上等。

七、使用电话的礼节

电话已经成为推销人员常用的一种推销工具。推销人员可以通过电话进行市场调查、约见客户、直接进行电话推销或商谈具体的业务事项。因此,推销人员也应注意使用电话方面的一些礼节。应主动说明自己的身份、目的;讲话应层次清楚、逻辑性强,音量要适度;通话过程中应讲“请”“谢谢”等礼貌用语;打完电话应等对方挂断后,再轻轻地挂上电话机;打错电话,应表示歉意。如果是接电话,应及时拿起听筒,无论是找自己还是别人,都应热情,不要冷冰冰的或冷嘲热讽。

八、吸烟的礼节

推销人员最好不要吸烟,因为吸烟有害身心健康,也容易分散自己与顾客的注意力,而且有些不吸烟的顾客(特别是女顾客)对吸烟者有厌恶情绪,从而影响产品的推销。当推销人员自己吸烟,而你的客户不吸烟时,就不要在交谈时吸烟,以免因为吸烟而断送了本可达成的交易;如果推销人员吸烟,你要走访的客户也吸烟,可以主动地递上一支烟,要是客户首先拿香烟招待,推销人员应该赶快取出自己的香烟递给顾客,并说“先抽我的”,要是已经来不及,应起身双手接烟并致谢。在吸烟时,要讲究卫生,注意安全。吸烟时,要注意烟灰一定要弹入烟灰缸,烟头要掐灭,放入烟灰缸内,不要随意乱弹烟灰、乱扔烟头,要注意安全,不要烧坏客户的桌面、沙发、地毯等用具。

九、招待客户进餐的礼节

推销工作中,可能少不了必要的招待与应酬,但推销人员在进餐时不要铺张浪费、大肆挥霍,要注意进餐的一些礼节,摒弃一些坏的习惯。请客户进餐时,应注意:

1. 宴请地点要考虑顾客心理。
2. 菜肴要适合顾客的胃口,最好由顾客点菜。
3. 陪客人数要适度,一般不能超过顾客人数。
4. 不能醉酒,劝酒要适度,以客户酒量为限,要打破一些陈规陋习。
5. 最好自己单独去结账。
6. 宴毕应请顾客先走。

思考练习

1. 推销时敲门有什么礼仪?
2. 推销时如何递名片?

单元要点归纳

本单元主要阐述了作为一名优秀的推销人员，必须具备的基本素质、能力以及基本礼仪。

作为一名推销人员，在思想素质上应具备强烈的事业心，高度的责任感，坚强的意志和毅力；在文化素质上，应掌握有关企业、产品、市场、顾客及竞争方面的知识；在身体素质上，应具有强健的体魄；在心理素质上，应了解自身的性格特征，增强推销的自信心，养成良好的个性品格。

从职业能力方面讲，推销人员还应具有敏锐的观察能力、较强的创造能力、良好的语言表达能力、较强的社交能力和快捷的应变能力等。

在推销过程中，推销人员所代表的不仅仅是他们自己，也代表着企业。为了树立良好的企业形象，以使推销工作顺利开展，推销人员应注重推销的基本礼仪，如自身的仪表与服饰、说话语气与交谈习惯、打招呼、吸烟、打电话、招待客户进餐、递（接）名片等方面的基本礼节。

案例分析

尊敬客户的名片

某公司新建的办公大楼需要添置一系列的办公家具，价值数百万元。公司的总经理已作了决定，向A公司购买这批办公用具。

这天，A公司的销售部负责人打电话来，要上门拜访这位总经理。总经理打算，等对方来了，就在订单上盖章，定下这笔生意。

不料对方比预定的时间提前了2个小时，原来对方听说这家公司的员工宿舍也要在近期内落成，希望员工宿舍需要的家具也能向A公司购买。为了谈这件事，销售负责人还带来了一大堆的资料，摆满了台面。总经理没料到对方会提前到访，刚好手边又有事，便请秘书让对方等一会儿。这位销售员等了不到半小时，就开始不耐烦了，一边收拾起资料一边说：“我还是改天再来拜访吧。”

这时，总经理发现对方在收拾资料准备离开时，将自己刚才递上的名片不小心掉在了地上，对方却并没发觉，走时还无意从名片上踩了过去。但这个不小心的失误，却令总经理改变了初衷，A公司不仅没有机会与对方商谈员工宿舍的设备购买，连几乎到手的数百万元办公用具的生意也告吹了。

问题：1. 为什么总经理最终拒绝和A公司合作？

2. 推销人员应该怎样对待顾客的名片？

模拟训练

1. 分组进行礼仪训练(包括推销拜访礼仪、推销接待礼仪、电话礼仪、服饰规范)。
2. 分项目模拟演示。
3. 学生自评。
4. 教师分项目列出标准,并进行评价。

第四单元　寻找客户

单元概述

本单元主要讲述寻找客户的概述、寻找客户的方法、顾客的资格审查。寻找客户有利于保证基本客户队伍的稳定发展，有利于明确推销活动目标，提高推销活动效率。对于电气专业的学生了解推销知识，掌握电器器材的推销技能起到非常重要的作用。本单元框架在理解寻找客户的概述的基础上，找到寻找客户的方法和途径，确定准客户进行顾客的资格审查。

单元目标

- 掌握寻找客户的方法。
- 理解寻找客户的资格审查。
- 明确客户类型找到不同客户的方法、途径。
- 能够熟练掌握面对不同客户运用不同方法。

学习任务1 概述

任务概述

本任务主要讲述寻找客户的含义、寻找客户准备工作、寻找客户的意义，有助于对寻找客户全面的认识和理解。

任务目标

- 理解客户及准客户的含义。
- 掌握寻找客户的准备工作。
- 能深刻认识到寻找客户的重要意义。

学习内容

一、寻找客户的含义

客户，即推销对象，是推销三要素的重要要素之一。在竞争激烈的现代市场环境中，谁拥有的客户多，谁的推销规模和业绩就越大。寻找客户是指寻找潜在可能的准客户。

二、寻找客户的准备工作

寻找客户是成功接近客户的前提条件，接近客户的第一步是寻找客户，销售人员向特定客户推销产品或者商品，首先要确定自己的推销对象，明确自己的潜在可能的准客户，然后有效地进行推销。寻找客户的基础工作是寻找潜在客户，根据自己所推销产品的特征，确定潜在客户的范围，选择合适的寻找途径，做好推销人员应有的心理准备。

1. 确定客户范围

根据自己所推销产品的特点、特性、适用人群等，进行市场细分，确定准客户的范围。这样有针对性地进行寻找客户，能够使推销人员以较少的精力和较短的时间找到客户，提高推销的成功率。

2. 选择合适寻找途径

根据推销产品的特点和确定的客户范围，来选择合适的寻找客户途径。对于大多数推销商品来说，寻找准客户的途径有很多种，在推销实践中，往往采取多种方式结合的方法来寻找客户，这样做的效果会更好，更有效率。

案例分析

销售人员一平搭出租车出去办事，在一个有红绿灯的十字路口，红灯亮起，他把车停在那儿。一平无意中转头向窗外看了一眼，正好看到与他同行的一辆黑色豪华轿车上坐着一位很气派的老人。他想，这老人一定大有来头。于是他让司机跟上那辆车，抄下那辆车的车牌号。接着，一平打电话去查这个车牌号的车主。原来，这辆车的主人是一家大公司的董事长。然后他打电话到该公司，说："你好，是××公司吗？今天我在街上看到贵公司坐在黑色豪华车上的那位老先生，非常面熟，好像在哪见过，但我一时想不起来，您能帮忙提醒一下吗？我没有其他的意思。"对方说："那是我们公司董事长本田先生的车。"一平终于知道那辆车的车主是××公司的董事长本田先生。然后，一平开始调查他的学历、出生地、兴趣、爱好等。当一切都调查清楚后，就直接去拜访本田先生。由于一平对本田先生的情况已一清二楚，对他公司的情况也已全面了解，顺利拜访本田先生这件事就比较容易了。后来，本田先生就成了一平的客户。拥有一双善于发现的眼睛，留心观察生活中的点滴可以寻找客户的机会，选择合适的途径寻找准客户。

3. 推销人员准备

在竞争激烈的市场中，推销人员作为企业市场先驱者，肩负重任。要想为本企业挖掘更多的客户，就必须做好以下思想准备：

(1)良好的推销心理状态：态度是决定一个人做事能否成功的基本要求，作为一个推销人员，必须抱着一颗真诚的心，诚恳地对待客户、对待同事，只有这样，别人才会尊重你，把你当作朋友。推销人员是企业的形象，企业素质的体现，是连接企业与社会、与消费者、与经销商的枢纽，因此，推销人员的态度直接影响着企业的产品销量。寻找客户的时候通常会遇到各种各样的客户上帝，如果没有良好的心态，不仅影响推销人员的工作热情，还会流失客户市场，进而损坏企业和推销人员的形象，导致推销失败。

(2)广泛的兴趣：推销人员没有广泛的兴趣就不能与潜在客户进行各方面的交流与交谈。只有兴趣广泛了才能面对繁琐、涉及面广的客户市场，才能挖掘出潜在客户，从而发展成准客户。

(3)培养随时寻找潜在客户的意识：每一个人都有长处，不一定要求每一个推销人员都八面玲珑、能说会道，但一定要多和别人交流，培养自己的交际能力，尽可能地多交朋友，这样就多了机会，要知道，朋友多了路才好走。另外，朋友也是资源，要知道，拥有资源不会成功，善用资源才会成功。养成随时搜寻潜在客户的习惯，不放过任何一条寻找准客户的线索，随身携带记录工具，做好随时记录潜在客户信息资料，充分挖掘潜在客户。

三、寻找客户的意义

1. 有利于促进生产力的发展和科学技术的进步

在现代化大生产条件下，科学技术日新月异，新产品层出不穷，但顾客往往对于新产品有一种抵触情绪或怀疑态度，他们不会自发地或轻易地接受这些新东西。所以，需要有人帮助顾客了解新产品的特性、使用方法及新产品可能给顾客带来的好处。而推销人员正是向顾客提供这种帮助的重要力量。

2. 能推进社会经济的发展与繁荣

推销是社会经济发展的一个重要推动力，也是促进社会繁荣的重要手段。在市场经济条件下，供求矛盾是影响经济发展的主要矛盾，也是影响市场繁荣的主要因素。推销既影响与制约着市场经济条件下其他矛盾的发展与变化，又协调着供给与需求，使供求矛盾不断趋于平衡。它通过销售商品，使消费者需求得到满足，从而使人们以更大的积极性投入生产。同时，还把社会需求的信息及时反馈给生产企业，使资源得到合理的配置与使用。推销一方面实现了产品的价值，另一方面满足了人们的各种需求，还创造了就业机会，从而促进了社会的安定和繁荣。

3. 是企业获取经济效益的重要途径

企业经济活动的目的之一，就是要取得一定的经济效益。企业非常注重推销技术及推销手段的研究和应用，提高推销人员素质和企业推销队伍的整体水平，一方面可以增加商品的推销数量，从而增加利润；另一方面可以节约推销时间，提高推销效率，从而降低推销成本。同时，可以减少产品积压，加快流动资金周转，提高资金利用率。这样既增加了产出，又减少了投入，从而直接提高了企业的经济效益。当代社会离不开推销学，无论是从国家社会，还是从企业个人考虑，推销学都具有重大的意义。从战国时期的结纵连横，到三国的舌战群雄，继而到当代的先行者、企业家们，纵观历史长河，凡是有所成就者无不是推销中的高手。在当代中国，对我们大学生来说，更应该掌握这项本领，这样才能使我们在经济全球化的大潮中成为真正的弄潮儿。

拓展提高

会议邀请函的结构与写法

（一）会议邀请的含义

会议邀请是专门用于邀请特定单位或人士参加会议，具有礼仪和告知双重作用的会议文书。

邀请函用于会议活动时，与会议通知的不同之处在于：邀请函主要用于横向性的会议活动，发送对象是不受本机关职权所制约的单位和个人，也不属于本组织的成员，一般不具有法定的与会权利或义务，是否参加会议由对象自行决定。举行学术研讨会、咨询论证会、技术鉴定会、贸易洽谈会、产品发布会产等，以发邀请函为宜。而会议通知则用于具有纵向关系（即主办方与参会者存在隶属关系或工作的管理关系）性质的会议，或者与会者本身具有参会的法定权利和义务的会议，如人民代表大会、董事会议等。对于这些会议的对象来说，参加会议是一种责任，因此只能发会议通知，不能用邀请函。学术性团体举行年会或专题研讨会时，要区别成员与非成员。对于团体成员应当发会议通知，而邀请非团本成员参加则应当用邀请函。

（二）会议邀请函的基本内容

会议邀请函的基本内容与会议通知一致，包括会议背景、目的和名称；主办单位和组织机构；会议内容和形式；参加对象；会议的时间和地点、联络方式以及他需要说明的事项。

（三）会议邀请函的结构与写法

1. 标题。由会议名称和“邀请函（书）”组成，一般可不写主办机关名称和“关于举办”的字样，如“亚太城市信息化高级论坛邀请函”。“邀请函”三字是完整的文种名称，与公文中的“函”是两种不同的文种，不宜拆开写成“关于邀请出席××会议的函”。

2. 称呼。邀请函的发送对象有三类情况：

（1）发送到单位的邀请函，应当写单位名称。由于邀请函是一种礼仪性文书，称呼中要用单称的写法，不宜用泛称（统称），以示礼貌和尊重。

（2）邀请函直接发给个人的，应当写个人姓名，前冠“尊敬的”等敬语，后缀“先生”“女士”“同志”等。

（3）网上或报刊上公开发布的邀请函，由于对象不确定，可省略称呼，或以“敬启者”统称。

3. 正文。正文应逐项载明具体内容。开头部分写明举办会议的背景和目的，用“特邀请您出席（列席）”照应称呼，再用过渡句转入下文；主体部分可采用序号加小标题的形式写明具体事项；最后写明联系联络信息和联络方式。结尾也可写“此致”，再换行顶格写“敬礼”，亦可省略。

4. 落款。因邀请函的标题一般不标注主办单位名称，因此落款处应当署主办单位名称并盖单。

5. 成文时间。写明具体的年、月、日。

邀请函模板

尊敬的________先生（女士）

我公司主要生产________ ________ ________等产品，现特邀请您到我公司生产车间及总部参观洽谈业务，望您在百忙之中抽空给予指导，我公司全体员工竭诚欢迎您的到来！

此致

敬礼！

________公司 呈上

思考练习

1. 如何理解寻找客户的含义？
2. 寻找客户的准备工作有哪些？
3. 寻找客户的意义有哪些？

学习任务2 寻找客户的方法

任务概述

本任务主要讲述寻找客户的方法，要求学生寻找客户方法活学活用。

任务目标

- 掌握寻找客户的方法。
- 理解寻找客户的途径。

学习内容

一、寻找客户的途径

对企业来说，市场是由众多的客户所组成的，客户多，对产品的需求量就大。若要维持和提高销售额，使自己的销售业绩不断增长，推销人员必须不断地、更多地发掘新客户。因此，掌握寻找客户的途径，努力寻找准顾客，使顾客数量不断地增加，是推销人员业务量长久不衰的有效保证，也是促进推销产品更新换代，激发市场新需求的长久动力。

1. 内部资源

借助于本公司内部客户登记资料的电话簿，查看顾客服务电话记录。通过查看公司销售记录，定位好准客户与潜在客户。通过公司网站浏览记录，查看浏览者的地域与客户需求，进行进一步的网络营销与客户服务跟踪。

2. 外部资源

借助现有顾客推荐的新客户进一步挖掘成潜在客户。通过自我观察，探查走访，电话簿及各种名录去发现新客户、寻找新客户。借助贸易展销会、新闻媒体、网络媒体、各种活动去用心查看发现寻找客户。

二、寻找客户的方法

在掌握产品特点、产品性能与适应客户情况的前提下，采取有效的寻找客户方法，能够使推销人员进行有目的、有方向的推销，寻找客户是开始，找到寻找客户的方法是捷径。寻找客户的方法有很多，下面介绍几种有效的方法：

1. 普遍寻找法

普遍寻找法也称逐户寻找法或者地毯式寻找法。推销人员在选定好的客户范围内，针对特定的群体，通过上门拜访、邮件发送、电话拜访等方法对该范围内的企业、组织、家庭、个人等进行毫无遗漏的寻找和确认。比如将滨州市开发区的某个居民新村的所有家庭作为普遍的寻找对象，将市中所有的宾馆饭店作为地毯式寻找对象等。

普遍寻找法寻找接触面广，信息量大。能够集中各种客户的各种意见和需求，能够让更多的客户了解到自己企业，扩大了企业的知名度。但是，这种方法成本高，费时费力，容易导致客户的抵触情绪，所以选择普遍寻找法一定要谨慎。

2. 介绍寻找法

这种方法是推销人员通过他人的直接介绍或者提供信息进行顾客寻找。比如黄金客户介绍，就是平时所说的熟人连锁介绍。这种方法具有信息比较准确，有很强的说服力，经过熟人介绍，信用度比较高。平时可以经常备用自己业务名片，不管业务是否达成，给予一张业务名片为以后的连锁介绍打下良好的基础。通过已有的客户来挖掘潜在的客户。老客户与社会各界联系广泛，他们与其他公司或有合作关系或有业务往来，通过他们的配合协助常常可以找到许多准客户。因此，销售人员不能忽视老客户，要学会培养一些忠诚的客户，并运用这些客户的介绍力量获得更多的准客户名单。每个人背后都有几百个朋友，而人天生就有分享的习惯。

介绍寻找方法关键是推销人员要注意培养和积累客户关系，为现有的客户提供满意的服务与可能的帮助，并虚心请求帮助。这种寻找客户的方法成功的可能性非常大，同时降低了销售费用，减少了成交的障碍。

3. 中心开花寻找法

所谓的中心开花寻找法就是通常所说的名人介绍法。是指在特定的销售范围内选择一些有影响力的人物，使其成为推销人员的客户，并在其帮助和协作的基础上，将该范围的对象转化为目标购买。

利用名人的影响力来扩大本企业的知名度和影响力，往往名人具有某方面的权威性和一定的影响力。名人具有很强的说服力，对潜在客户具有示范效应，容易取得客户的信任，但不能完全把希望寄托在名人身上，即存在一定的风险性，因此选定恰当的名人是关键。

4. 资料查阅寻找法

查资料是基础，也是客户取得成功的根本，对于推销人员来说具有重要的意义。资料的来源：

(1)查看大型网站，如博购、易讯等专业企业搜索软件。

(2)关键词搜索按照一个行业去找资料,关键词如“全能表”在 baidu、google 或行业网站上搜索出相应的结果,可摘取搜索结果的后面几页。

(3)客户的转介绍,从客户处索要客户资料(如名片、宣传页),如在见客户过程中,坐在公交车上看到的路边的广告牌、门面上的电话、公交车身上的电话等,这些资料都是非常有效的。

(4)通过传统的媒介,企业的报刊等去搜集需要自己产品的企业或者行业与需求。资料上面都会有企业的名称、企业的负责人(最好是企业法人)、座机、手机(老板的)、地址、传真、公司主打产品、关键词、有没有做过推广等。这种方法是推销人员通过查阅各种资料来开拓顾客的方法,被称为间接的市场调查法,推销人员运用这种方法可以比较快地找到有关顾客信息、市场信息、产品需求信息等。

5. 电话营销法

案例分析

销售员:“您好,请问是实力电气有限公司吗?你们的网站好像反应很慢,谁是网络管理员,请帮我接电话。”

前台:“我们网站很慢吗?,好像速度还可以呀。”销售员:“你们使用的是内部局域网吗?”前台:“是呀!”

销售员:“所以,肯定会比在外面访问要快,但是,我们现在要等5分钟,第一页还没有完全显示出来,你们有网管吗?”

前台:“您等一下,我给您转过去。”销售员:“您等一下,请问,网管怎么称呼。”

前台:“有两个呢,我也不知道谁在,一个是小李,一个是小周。我给你转过去吧。”销售员:“谢谢!”(等待)小周:“你好!你找谁?”

销售员:“我是长城电梯客户顾问,我刚才访问你们的网站,想了解一下有关电气电梯的情况,你看都10分钟了,怎么网页还没有显示全呢?您是?”小周:“我是小周,不会吧?我这里看还可以呀!”

销售员:“你们使用的是局域的内部网吗?如果是,你是无法发现这个问题的,如果可以用拨号上网的话,你就可以发现了。”

小周:“您怎么称呼?您是要购买我们的电梯吗?”

销售员:“我是长城电梯网络客户顾问,我叫小常,平时也在用你们的电梯,今天想看一下网站的一些产品技术指标结果发现你们的网站怎么这么慢。是不是有病毒了?”小周:“不会呀!我们有防毒软件的。”

小常:“那就是宽带不够,不然不应该这么慢的。以前有过同样的情况发生吗?”小周:“好像没有,不过我是新来的,我们主要网管是小李,她今天不在。”小常:“没有关系,你们网站的托管在哪里?”小周:“好像是西城电脑局网络中心。”小常:“哦,用的是什么服务器?”小周:“我也不知道!”

小常:“没有关系,我在这里登陆看似乎是服务器响应越来越慢了,有可能是该升级服务器了。不过,没有关系,小李何时来?”

小周："他明天才来呢，不过我们上周的确是讨论过要更换服务器了，因为企业考虑利用网络来管理全国1 300多个经销商了！"

小常："太好了，我看，我还是过来一次吧，也有机会了解一下我用的电梯情况，另外，咱们也可以聊聊有关网络服务器的事情。"

小周："那，你明天就过来吧，小李肯定来，而且不会有什么事情，我们网管现在没有什么具体的事情。"小常："好，说好了，明天见！"

这是一个通过电话预约来促进销售的例子。首先是让客户迷茫，采用了提示客户的服务器响应缓慢的问题，或者有病毒的可能，或者是带宽的问题等，总之是问题过多导致客户迷茫；其实是采用了唤醒客户的策略，即明确指向服务器响应缓慢的可能，并安抚客户，暗示客户其实找到了行家里手，不用担心，一来我领略一下你们的产品（电梯），二来聊聊有关网络服务器的事情。通过对话，我们知道小常是电梯销售人员，小周是一个客户组织中影响力并不大的一个人，但是，从影响力不大的客户组织内部的人身上却往往可以发现大订单的可能，这个对话中反映出了大订单的可能性，因此，小常立刻改变策略，要求拜访，并获得了小周的支持。小周的支持主要源于小常对销售中4C的有效运用。

图4-1　电话推销

通过某些途径搜集到的联系方式需要去验证一下是否存在产品销售的潜在用户，需要销售人员去进行电话沟通，电话沟通也是一门艺术。需要注意以下几点：

（1）挖掘客户的需求确定客户：大型企业的客户不关心你给他推销的是什么产品，客户关注的是他的竞争对手的情况，关注同行业的发展和同行业的情况。

（2）作为一个销售人员，应该做好工作时间以外的额外工作，清楚细心地做好如下工作：

①整理记录和一个客户完成一笔交易，并定期电话跟踪，以便于了解客户的下一个采购计划。

②做好自己的周、月、季、年度总结和周、月、季、年度计划，总结和计划要按照自己的思路去完成，要实事求是。

③有时间应多看电气相关书籍，以巩固自己的电气专业知识。这样在与客户电话交流与沟通的时候会有话题，也会很乐于去交流，由此来获得更多的交流机会和产品成交机会。

6. 网络营销法

发展业务，网站是全天候运转，让您的客户在任何时候都能了解到你的产品。

（1）增加新客户：在目前网络覆盖全球的时代，客户需要什么，可以随时在网上找到您，让您开发新市场、新客户，获取更大的生存空间。

（2）维护老客户：有了网站，老客户如有什么不明白的地方，可以及时回答他的迷惑。

(3)广告宣传:网站是一个免费的媒体宣传、产品展示厅、产品询问处。这样的话,等于是减少销售成本,提高利润点。

网络是个大世界,客户需要什么,商家需要什么,都可以抢先一步了解到,方便公司作出反应。企业建设网站的目的就是通过网络这个平台提升企业的销售,有了网站让客户所能浏览到你的网站,这就给推销人员寻找客户打下了良好的基础。

7. 委托助手法

委托助手法又称为销售助手法,是指委托他人去寻找目标,在委托人找到目标后,立即联系推销人员进行销售访问和洽谈。这种方法在国外用得比较多,推销人员在自己的业务范围之内或者特定的客户群中,通过有偿的方式委托专门的人员为自己收集信息,了解有关客户的市场和产品信息。

这种方法可以节省推销人员的时间,减少其工作量,但是委托助手的选拔是难题,确定适当的助手是销售成功的关键。

8. 广告拉引法

广告拉引法又称为广告开拓法,这种方法是通过利用各种广告媒体来寻找客户,通过发布产品信息,对产品进行宣传,来吸引客户。例如,通过广告媒体发送某个健身器具的广告,介绍其功能、购买方式、地点、代理和销售处等,然后在选定范围内的目标区域展开活动。

这种方法传播信息速度快,覆盖面广,重复性好,相对于普遍寻找法省时省力,但其针对性和反馈性不强,广告费用相对来说比较高。

思考练习

1. 寻找客户的途径有哪些?
2. 寻找客户的有效方法有哪些?

学习任务3 顾客资格审查

任务概述

本任务主要讲述顾客资格审查的含义和基本要素,要求熟悉顾客资格审查的基本要素。

任务目标

- 明确顾客资格审查要素。

学习内容

一、顾客资格审查的含义

案例分析

李先生与黄先生同是一家工厂的推销人员，工作能力、工作态度以及说服顾客的能力都不相上下。在同一个月里，他们俩各自拜访了300户顾客，但两人的推销成绩与推销效应相差较大。李先生和黄先生的推销业绩之所以有比较大的差别，原因在于李先生比较注意对潜在顾客的资格审查，而黄先生却不太关心顾客资格的审查，他认为见到顾客以后自然会明白对方的情况。

顾客资格的审查与顾客寻找类似，区别是在寻找顾客的基础上进行核对。按照一定的条件，对潜在客户进行分析判断，从中寻找有购买欲望的准客户。

具体方法主要有：市场调查法、资料查阅法、推销人员现场观察法、集体访谈法、问卷调查法、尖端客户分析法、推销人员同行调查法等。

二、顾客资格审查的要素

1. 顾客的需求

加强与顾客的关系，了解不同客户需要。首先，根据顾客接受的范围提供的变动性利益，如价格折扣是否打动他，审查是否有购买欲望。其次了解顾客的个性需求，为顾客提供个性化服务，针对每个顾客不同需求及潜在需求的、有别于其他标准服务的、超出顾客想象之外的、具有附加价值的服务的都做好审查工作。善于刺激顾客欲望，不被顾客“不需要”的表象迷惑。

2. 顾客的购买力

(1)个体顾客的购买能力审查主要是从影响消费者购买力的各种因素，如实际收入、购买支出、消费储蓄与信贷等几个方面进行审查。

(2)团体顾客的购买力审查主要从短期偿债能力分析、营运能力分析。

(3)对于组织型客户可以通过下述途径了解：主管部门或司法部门，注册会计师银行、大众传媒、推销对象内部、同行、自我观察等。对于个人客户则可以通过客户的职业、受教育程度、住房情况、生活质量、交通工具等来了解。

3. 顾客的决定权

(1)在家庭购买中，是丈夫决定还是妻子决定，还是双方共同决定，从而确定你不同的推销技巧。在组织购买决策中，所找的人是你打交道的是提供信息的把门人，还是购买行为的决策人，还是购买行为的批准人，这些人不同打交道的推销技巧也不同。

(2)在大型企业中推销人员应具体了解在法人用户中，谁是购买决策的主要参与者，他们各自的影响程度如何，他们的评价标准是什么，等等，审查是否具有真正的购买决策权。

4. 顾客的信用

审查鉴定顾客的信用情况也是顾客审查的一项重要内容，因此推销人员在推销中不论是老客户还是新客户，都要细心观察信用情况，不轻易相信传言也不轻信详细客户信用表白，要慎重行事。

(1)对于新顾客，推销人员一定要持谨慎态度，既不能轻信对方的表白，也不能轻信外界的传言。有的人虽然口袋里没钱，但却吹得天花乱坠，装出一副有钱的样子，对推销人员的商品极力称赞，要货数量多多益善，生怕你不卖给他，对这样的人一定要特别警惕，很可能就是不讲信用的人。

(2)真正有交付能力的人往往并不张扬，表面上也很难看出具有多大的实力，可谓“真人不露相，露相不真人”。如果确实难以把握顾客的信用情况，那么在最初的交易中还是应该坚持钱货两清的原则，持有了深入的了解之后再逐渐放宽，起码要把风险控制在可承受的范围之内。

(3)对老顾客要随时观察其信用变化情况。老顾客已有过多次甚至多年的交往，彼此有一定的了解，但难保不会发生变化，商场变幻莫测，昨天还是红红火火，也许明天就是夕阳西下。

拓展提高

三个卖李子的小贩

一位老太太每天去菜市场买菜买水果。一天早晨，她提着篮子，来到菜市场。遇到第一个小贩，卖水果的，问：你要不要买一些水果？老太太说你有什么水果？小贩说我这里有李子、桃子、苹果、香蕉，你要买哪种呢？老太太说我正要买李子。小贩赶忙介绍我这个李子，又红又甜又大，特好吃。老太太仔细一看，果然如此。但老太太却摇摇头，没有买，走了。

老太太继续在菜市场转。遇到第二个小贩。这个小贩也像第一个一样，问老太太买什么水果？老太太说买李子。小贩接着问，我这里有很多李子，有大的，有小的，有酸的，有甜的，你要什么样的呢？老太太说要买酸李子，小贩说我这堆李子特别酸，你尝尝？老太太一咬，果然很酸，满口的酸水。老太太受不了了，但越酸越高兴，马上买了1斤李子。

但老太太没有回家，继续在市场转。遇到第三个小贩，同样，问老太太买什么？(探寻基本需求)老太太说买李子。小贩接着问你买什么李子，老太太说要买酸李子。但他很好奇，又接着问，别人都买又甜又大的李子，你为什么要买酸李子？(通过纵深提问挖掘需求)老太太说，我儿媳妇怀孕了，想吃酸的。小贩马上说，老太太，你对儿媳妇真好！儿媳妇想吃酸的，就说明她想给你生个孙子，所以你要天天给她买酸李子吃，说不定真给你生个大胖小子！老太太听了很高兴。小贩又问，那你知道不知道这个孕妇最需要什么样的营养？(激发出客户需求)老太太不懂科学，说不知道。小贩说，其实孕妇最需要维生素，因为她需要供给这个胎儿维生素。所以光吃酸的还不够，还要多补充维生素。他接着问那你知不知道什么水果含维生素最丰富?(引导客户解决问题)老太太还是不知道。小贩说,水果之中,猕猴桃含维生素最丰富,所以你要经常给儿媳妇买猕猴桃才行!这样的话,你确保你儿媳妇生出一个漂亮健康的宝宝。老太太一听很高兴啊,马上买了1斤猕猴桃。当老太太要离开的时候,小贩说我天天在这里摆摊,每天进的水果都是最新鲜的,下次来就到我这里来买,还能给你优惠。从此以后,这个老太太每天在他这里买水果。

在这个故事中,我们可以看到:第一个小贩急于推销自己的产品,根本没有探寻顾客的需求,自认为自己的产品多而全,结果什么也没有卖出去。

第二个小贩有两个地方比第一个小贩聪明,一是他第一个问题问得比第一个小贩高明,是促成式提问;二是当他探寻出客户的基本需求后,并没有马上推荐商品,而是进一步纵深挖掘客户需求。当明确了客户的需求后,他推荐了对口的商品,很自然地取得了成功。

第三个小贩是一个销售专家。他的销售过程非常专业,他首先探寻出客户深层次需求,然后再激发客户解决需求的欲望,最后推荐合适的商品满足客户需求。他的销售过程主要分了六步:第一步,探寻客户基本需求;第二步,通过纵深提问挖掘需求背后的原因;第三步,激发客户需求;第四步,引导客户解决问题;第五步,抛出解决方案;第六步,成交之后与客户建立客情关系。

思考练习

1. 顾客资格审查的含义是什么?
2. 顾客资格审查的要素有哪些?

单元要点归纳

本单元主要介绍了寻找客户的概念,寻找客户的意义,寻找客户的途径和方法,顾客资格审查。

寻找客户是指寻找潜在可能的准客户。准客户是相对于已经实现需求的客户而言的,是指既有购买所推销的商品或服务的欲望,有购买决定权,又有支付能力的个人或组织。通常我们所说的寻找客户,是指的寻找准客户。

寻找客户的准备工作:确定潜在客户的范围,选择合适的寻找途径,做好推销人员应有的心理准备。

寻找客户的意义:促进生产力的发展和科学技术的进步,推进社会经济的发展与繁荣,是企业获取经济效益的重要途径。

寻找客户的方法:普遍寻找法,介绍寻找法,中心开花寻找法,资料查阅法,电话营销法,网络营销法,广告拉引法。

顾客资格审查要素:顾客的需求,顾客的购买力,顾客的决定权,顾客的信用。

案例分析

美国有位电气推销人员应一个家庭电话的约请前往推销电能电压表，推销人员进门后只见这个家里坐着一位老太太和一位小姐，便认定是小姐要买电能电压表的，推销人员根本不理会那位老太太。经过半天时间的推销面谈，小姐答应可以考虑购买这位推销人员所推销的电能电压表，只是还要最后请示那位老太太，让她作出最后的决定，因为是老太太购买电能电压表赠送给小姐。结果老太太横眉怒目，打发这电气推销人员赶快离开。后来又有一电能电压表推销人员应约上门推销，这位推销人员善于察言观色，同时向老太太和小姐展开攻势，很快就达成交易，凯旋而归。

思考：这两个推销人员为什么一个推销失败，而另一个则能达成交易？

模拟训练

5 分钟演练，根据不同的客户运用不同的寻找方法。

目的：培养学生树立推销的意识和观念，树立乐观积极的心态，加深对自己的认识，为更好地学习推销的知识奠定基础。

第五单元　推销接近

单元概述

本单元主要讲述约见客户的概念与意义，约见客户的准备工作，约见客户的方法，推销接近前的准备，推销接近的方法。有助于中职学生对推销接近有一个全面的了解和认识。为推销洽谈创造条件，奠定基础。

单元目标

- 掌握约见客户的概念与意义。
- 理解约见客户的准备工作。
- 明确约见客户的方法。
- 能够做好推销接近前的准备工作，灵活运用推销接近的方法。

学习任务1 约见客户

任务概述

本任务主要讲述约见客户的概念及意义，约见客户的准备，约见客户的方法，有助于对约见客户的概念、意义以及方法有一个全面的认识和理解。

任务目标

- 理解约见客户的含义。
- 约见客户的意义。
- 能灵活运用约见客户的方法。

学习内容

一、约见客户的概念

推销约见是一种狭义的约见，是指推销人员在拜访前事先征得客户的同意，在一定时间和地点，以一定的方式接近客户或者访问客户的过程。是接近客户的开始，对整个推销活动的成败起着极为重要的作用。

二、约见客户的意义

1. 有利于合理利用销售时间，提高推销效率

事先与客户约定拜访，有助于合理地安排推销时间，提高推销效率，不仅不浪费顾客的时间，也节省了自己的时间和精力，避免了吃“闭门羹”的尴尬。推销人员如果没有事先的预定拜访，很可能因为客户不在或者秘书等其他人员的阻拦不能见到客户本人，不仅浪费了时间，也降低了推销效率。

2. 便于客户与推销人员做好各自的准备工作

在接近客户前进行约见，可以使推销人员和顾客各自做好充分准备。对推销人员来说，有助于制订会谈计划。比如，对于自己了解的有关客户信息，推测客户的态度，可计划设计问题，有针对性地做好充分准备，这将为接近客户进行洽谈奠定了基础。对客户来说，提前收到推销人员的预约，自己既得到了尊重又得到了信任。消除了彼此的警戒心

理，推销人员访问时心情自然会轻松得多，容易形成融洽的谈话气氛。同时也有时间去整理思路，考虑推销人员想要了解哪些信息。在双方都有准备的情况下，会谈可以很快切入正题，双方距离可以缩短，洽谈就会深入下去。

3. 有助于推销人员成功接近客户

认真做好约见准备，事先与客户取得联系，事先进行了约见，有助于成功接近客户。这样就会避免了客户在突然来访时，避免干扰——指派自己秘书、助理及其他人接见。良好的约见是接近推销的基础和前提。为推销人员进一步实施推销接近做好铺垫。

4. 有助于推销人员顺利开展销售面谈

在实际销售中，很多推销人员虽然选好了潜在客户和准客户，并进行了充分的拜访准备，但因没有事先约见，就莽撞地登门拜访，在这样的情况下，由于没有事先的约见，往往使得客户猝不及防，即使同意接见，但没有事先对购买的商品或者服务进行思考，往往不会有购买的欲望和购买的动机。因此，推销人员应事先征得客户的同意，进行提前约见，约定好时间和地点，这样不仅使得客户感觉到被尊重，而且便于客户在交谈前进行深思熟虑，形成购买需求，使得交流顺利。

三、约见的准备

推销人员要想在激烈的市场竞争中获得主动，在拜访客户前和洽谈业务前必须做好充分的约见准备工作，要做得具体全面充分。拜访前仔细核实信息，检查推销工具，样品是否齐全，是否做好了充分的约见心理准备。为此做一下准备：

1. 访问对象

根据已有的客户信息，作进一步的分析，做到知己知彼。要仔细认真地了解客户的行业性质，客户使用情况，竞争状况，客户能力，客户的市场潜力等。在了解客户的这些基本信息的基础上，确定所使用的推销策略和方法，并制订相应的销售计划，以便对访问对象进一步地挖掘。

2. 访问事由

推销人员在确定访问对象后，要向对方说明访问事由和意图，设法引起对象的注意和重视，来吸引客户，获得约见见面的机会。在大多数情况下，推销人员访问客户的目的是直接向客户销售商品，在销售时，进行一些非正式的访问，甚至不说明访问意图，这样被客户识破往往会引起客户的反感，甚至是拒绝。

3. 推销人员在约见客户、确定访问时间时要考虑以下几点

(1)根据客户的时间来确定时间，要充分考虑客户的作息休息时间和活动规律。恰当地安排访问时间避开忙碌时段。在考虑时间的同时也要考虑客户的心情和情绪，在客户心情好、情绪佳的情况下访问客户。

(2)尊重客户的意愿，为对方留有余地。在约定访问时间时，推销人员可以完全尊重客户的意愿，听从客户的时间安排，也可以让客户自己选择约见时间，推销人员在约定的时间范围内要准时赴约，不得延迟让客户等待。

(3)合理利用访问时间。推销人员在约见客户时，要采取一定的措施，抓住仅有的约

见时间,避免浪费时间,在约见时也要充分利用好等待的时间,在做好准备工作的同时,也充分利用了有限的时间,一举双得,提高了时间效率和约见效率。

4. 访问地点

在约见时确定客户的访问地点,是在工作地点、居住地点、社交场合、公共场所,还是其他场所,访问地点既要具体情况具体定,又要与访问对象的时间目的方式相适应。选择地点的基本原则是方便客户,有利于推销。推销人员在选择地点时要综合分析,全面考虑,作出科学的决策。

四、约见客户的方法

推销人员在约见客户时,难免会占用客户的时间和精力,所以推销人员在约见时要心存感激,处处以客户利益为重,尊重客户,赢得客户的信任。约见除了好的态度外还应有好的约见方法,掌握如下几种方法:

1. 当面约见

当面约见是指推销人员在约定的时间地点进行面对面的交谈,当面约定拜访事宜的一种约见方式。这种机会比较多,例如:在途中不期而遇时,见面握手问候时,互递名片时,起身告别时。

当面约见有很多的优点:首先,当面约见缩短了双方之间的距离,消除了隔阂,加深了双方的感情,双方关系得到进一步发展深化。其次,有利于推销人员作出进一步的销售预测,为更好地接近客户做准备。再次,当面约见是一种简单易行的拜访方法,能够保守商业机密,比电话或者其他方式可靠清楚。

当面约见也有其不足之处:首先,具有地域局限性,在一些场合,来参与访问活动的客户只是某一区域范围内,而且也有人数限制。其次,效率不高,采取古老的当面交谈的方式,总会经过攀谈环节,造成效率低下。再次,当面约见遭到客户拒绝时,造成被动局面不利于下一次的接近和拜访。对于一些无法访问和接近的对象来说,当面约见越往往无用武之地。

2. 电话约见

电话约见就是通过电话的方式来约见顾客,这是现代推销活动中常用的约见方法。电话约见时做到出言从容,口齿清楚,重点突出,简明扼要。

电话约见优势在于经济便捷,能在短时间内接触更多的潜在顾客,是一种效率极高的约见方式。电话约见,由于顾客是不见其人,只闻其声,所以,推销人员的重点应放在“话”上:首先,要精心设计开场白,激起对方足够的好奇心,使他们有继续交谈的愿望;其次,约见事由要充分,用词简明精炼、长话短说;第三,态度要诚恳,口齿清楚、语调亲切。

电话约见的一般步骤包括:问候、介绍自己和公司、感谢顾客倾听、道明约见目的、确定约见时间和地点、再一次致谢。在预约客户时,销售人员必须以与客户约定面谈时间和地点为主要目的,这一点是尤其需要注意的。

3. 信函约见

信函约见销售人员利用各种销售信函约见顾客的一种方法。当客户对推销人员、企业、产品不熟悉,而且双方距离比较遥远的,在电话约见不是很有效果的前提下,往往会选择信函约见。

信函通常包括个人书信、会议通知、社交柬帖、广告函件等,其中采用个人通信的形式约见顾客的效果为最好。当然,书写个人信函一般要在与对方较熟识的情况下采用,否则,莽撞地给对方寄去个人书信,则有可能产生消极的结果。如碰到并不熟悉的顾客,寄去柬帖、会议通知、参观券或广告函则是比较理想的方式。如果选择信函作为销售手段,推销人员需要仔细挑选邮寄名单。为了提高信函约见的成功率,销售人员在写约见信函时应注意以下几个问题:

(1)信函亲切、措辞恳切。约见信函要尽可能自己动手书写,而不使用冷冰冰的印刷品,信封上最好不要盖"邮资已付"的标志,要动手贴邮票。措辞委婉恳切的信函往往能博得顾客的信任与好感,容易使对方同意见面。

(2)内容要简洁、有重点。书信应尽可能言简意赅,只要把约见的时间、地点、事由写清即可,切不可长篇大论,不着边际。

(3)要引起顾客的兴趣及好奇心。约见书信要以引起顾客的好奇心为中心,投其所好,以顾客的利益为主线劝说或建议其接受约见要求。

(4)不要过于表露希望拜访客户的迫切心。

(5)电话追踪。在信函发出一段时间后要打电话联系,询问顾客的想法与意见,把电话约见与信函约见结合起来使用,可大大提高约见效果。

4. 委托他人约见

委托约见是指推销人员委托第三者约见顾客的一种方法。受托人一般都是与访问对象本人有一定社会关系或社会交往的人,与访问对象关系密切的人或对访问对象有较大影响的人士是最为合适的受托人。受托人可以是推销人员的同学、老师、同事、亲戚、朋友、邻居、上司、同行、接待人员、秘书等,也可以是各种中介机构等。

委托约见有很多优点,首先,有利于拉近与客户的距离,可以先从接近圈开始去接近客户,通过接近圈内的人去接近客户会更有效果。其次,节省了推销人员的时间和精力,避免了自己去和客户接待的周旋时间,提高了销售效率。再次,有利于克服销售障碍,促成交易。

委托约见也有其局限性,如果受委托人不负责,会引起误约,如果不是推销人员亲自约见会使客户感觉不是很受重视,误以为不是正式约见,不会给予足够重视。

除此之外,还有广告约见、宣告通知等约见客户的方法,推销人员可以根据情况灵活运用。

思考练习

1. 约见客户的含义是什么?

2. 约见客户有什么样的意义?

3. 约见客户的方法有哪些?

学习任务2 接近客户

任务概述

本任务主要讲述接近前的准备、接近客户的方法，有助于为下一步客户洽谈做准备。

任务目标

- 理解接近前的准备。
- 掌握接近客户的方法。

学习内容

一、接近前的准备

接近的最初目的是引起客户的兴趣，接近的最终目的是引导客户洽谈，达成交易。接近准备工作的主要目的是搜集更多的准客户资料，为推销接近和洽谈做好准备。接近客户前的准备工作包括如下方面：

1. 客户接近准备

客户接近准备分为个体客户接近准备和团体客户接近准备，个体顾客作为单个的准客户，在接近前应收集个体的姓名、年龄、籍贯、文化水平、兴趣爱好、居住地点、购买能力等。除个体准客户以外的所有准客户，包括各种企事业单位及其他社会团体组织属于团体客户，接近的准备工作要了解团体客户的组织名称、组织人事、组织所在地点、经营状况等。

2. 物质准备

接近客户要有一定诚意，做好必要的物质准备是体现诚意的表现。首先，要做好仪表准备，得体的服饰，优雅的姿态，大方的举止。其次，做好物品的准备，随身携带好笔记本、名片、签字笔、计算器等必须物品。物质准备的好，可以向客户显示出推销人员的诚意，并可以帮助推销人员接近对象。

3. 精神准备

在客户的实际接近中，总会遇到一些意想不到的问题，不管获取的信息是否真实可靠，总有出现小插曲的突发事件，应对这些随时出现的问题做好相应的心理准备和必要的措施，同时要有良好的精神状态，做好精神准备。

二、接近客户的方法

接近顾客是推销过程中的一个重要环节，它是推销人员为进行推销洽谈与目标顾客进行的初步接触。能否成功地接近顾客，直接关系到整个推销工作的成败，许多推销人员的成功与失败，往往都决定在最初的几秒钟。由于顾客的习惯、爱好、性格等情况各不相同，所以推销人员应依据事前获得的信息或接触瞬间的判断，选择合适的接近方法去接近不同类型的顾客。在与陌生顾客接近过程中，推销人员多少会出现紧张，这是一种普遍的现象。许多客户害怕推销人员的接近过，害怕承担购买的义务。推销人员要坦然接受，减轻客户的心理压力。掌握一定的接近方法和技巧，会取得事半功倍的效果。最常见的接近方法如下：

1. 介绍接近方法

介绍接近法是指推销人员通过自我介绍或他人介绍接近推销客户的方法。主要有自我介绍法、他人介绍法两种形式。

(1)自我介绍法是最常见的一种接近顾客的方法，一般会走入客户的家庭、工作单位、办公室去简单介绍自己，交换名片等(图5－1)。例如："××，你好。我是××，是××公司的代表，这是我的名片请过目"。这种接近方法比较普遍，给人的印象不是很深刻，与其他方法联合使用效果会比较明显。

图5－1　客户约见　自我介绍

(2)他人介绍法又称第三者介绍法，是推销人员利用与客户熟悉的第三者，通过打电话、写信函字条，或当面介绍的方式接近顾客。如果介绍比较成功的话，推销人员通过第三者介绍获得接近顾客的机会。在推销人员与客户不熟悉的情况下，他人介绍是一种很好的接近方法，这种方式往往使推销人员接近客户。大多数情况下介绍人与客户之间的关系越密切，介绍的作用就越大，推销人员也就越容易达到接近的目的。

2. 产品接近法

产品接近法也称为实物接近法，是指推销人员把推销产品直接摆在客户面前，由此来引起客户的兴趣和注意，进而转入洽谈的接近方法。如视觉、听觉、嗅觉、触觉等，通过产品无声的自我推销来吸引客户，引起客户的兴趣，以达到接近客户的目的。选取的产品必须具有吸引力，突出其产品特色。精美轻巧便于推销人员的携带。产品必须质量好，有良好的感官性，这样客户在观赏和触摸的时候，不至于出现不好的质量问题。

3. 接近圈接近法

接近圈接近法是指有一定范围的、有一定内容的社会联系。同一接近圈的人，以满足各自的需求和利益为出发点建立起互相联系。推销人员扮演成客户所属社会阶层与接近圈的人，去参加顾客的一些社交活动，从而与顾客接近。

4. 好奇接近法

好奇接近法是指推销人员利用客户的好奇心理去接近客户的方法。这种方法在实际推销工作中,在与客户见面之前,推销人员可通过各种巧妙的方法来唤起顾客的好奇心,引起其注意和兴趣,然后从中获得推销产品的利益,转入推销洽谈。好奇心是一种原始性动机,客户的消费有时多是在好奇心的驱使下形成的。推销人员在利用这种方法进行推销时,多加入一些关于推销的语言和动作在里面。推销手段最好做到合情合理,出奇制胜。

5. 利益接近法

利益接近法又称实惠接近法,是指推销人员利用顾客求利的心理,以产品的实惠引起客户的注意和兴趣,以达到接近顾客的一种方法。顾客之所以购买产品,是因为它能给自己带来一些实质性的利益或提供解决问题的办法,如增加收入、降低成本、提高效率、延年益寿等。利益接近法可以直接陈述告诉客户推销产品的优势和实惠点在哪里。推销的产品利益必须是可以证明的,要符合实际,能够取信于客户。

6. 震惊接近法

震惊接近法就是推销人员利用某种令人吃惊或震撼人心的事物来引起顾客的注意和兴趣,进而转入面谈的接近方法。在现代推销中,推销人员的一句话,一个动作,都可能令人震惊,引起顾客的注意和兴趣。利用这种方法时要注意震惊的事物要与推销目的相关联。震惊时要掌握分寸,要科学求实。无论什么震惊方式一定要尊重客观事实,讲究科学。这种方法对于那些漫不经心、不震不惊的客户来说效果是很明显的。

7. 戏剧化接近法

戏剧化接近法又称表演接近法,就是推销人员利用各种戏剧性的表演活动引起顾客注意和兴趣,进而转入面谈的接近方法。一句古老的生意格言是:“先尝后买,方知好歹。”这句格言精髓是:要让顾客认识你所推销的产品,就必须把产品的优点展示在顾客面前,让顾客亲自体会推销品的好处。在使用这种方法时,要注意表演一定要有戏剧效果,目的在于接近和说服客户,同时表演要合情合理,能够真实地打动客户的心灵。在表演戏剧中使用的道具可以很有创意地运用推销产品或者与推销活动有关的物品,这样既有娱乐性又加深了对推销产品的印象。在推销的同时加入艺术的手段,把客户带入到戏剧的氛围中去,从而使推销人员能够顺利地接近客户。

8. 赞美接近法

赞美接近法是指推销人员利用顾客的虚荣心理,通过赞美顾客而接近顾客的方法。每个人的天性都是喜欢别人赞美的,现实也是如此。良言一句三春暖,好话永远爱听。推销人员正是利用人们希望赞美自己的愿望来达到接近顾客的目的。使用赞美接近法时推销人员一定要找客户的赞美点在哪,以避免把客户的缺点说成优点,造成不必要的尴尬。赞美的同时一定要真诚,发自内心的,来自心灵深处的赞美最具有感染力。赞美时要讲究艺术,言简意赅,幽默风趣,达到事半功倍的效果。

9. 讨论接近法

讨论接近法又称问题接近法,是指推销人员向客户提出问题进行讨论,利用所提的问题引起客户的注意和兴趣,并引发讨论来吸引客户注意或者兴趣的接近方法。讨论接近法符合现代推销学原理发展的一般规律,因为推销的过程就是帮助顾客找出问题、分析问题和解决问题的过程。通过讨论进一步接近客户。

10. 调查接近法

调查接近法是指推销人员利用调查机会接近客户的一种接近方法。在很多情况下,无论推销人员事先如何进行准备,总有一些无法弄清的问题。因此,在正式洽谈之前,推销人员必须进行接近调查,以确定顾客是否可以真正受益于推销品。有了事先的调查就有了交谈时的话语权,为接近客户做好前期的接近准备。

11. 求教接近法

求教接近法又称讨教接近法,是指推销人员依据客户的兴趣爱好和专长,提出相关的问题向客户请教,以便引起对方的话题,借机接近顾客的方法。例如,客户喜欢钓鱼,你就可以向他请教一些关于钓鱼方面的技巧和方法,等等。

12. 搭讪与聊天接近法

搭讪与聊天接近法就是指利用搭讪与聊天的形式接近陌生客户的方法。搭讪与聊天接近法不会很快进入推销程序,有时要用很长时间追踪与寻找机会,因此要花费较多精力。所以,应用时应该注意:一是要选准顾客和时机。

13. 馈赠接近法

馈赠接近法又称有奖接近法,是指推销人员利用赠品来引起顾客的注意,进而与客户认识的接近方法。推销前先向潜在客户赠送一件小礼品,作为见面礼,满足了顾客求小利、求雅趣的心理,容易形成融洽的气氛。馈赠时要注意慎重选取馈赠礼物,馈赠品要符合有关规定,不能变相地行贿贿赂。馈赠礼物要有实用性,能够吸引顾客,有助于客户产生联想。

拓展提高

获取客户好感的六大法则

你对一个人有好感,你一定会好意回应他,如此双方的面谈就会如沐春风。那么,哪些因素会影响到第一次会面的印象好坏呢?

(一)给客户良好的外观印象

人的外观会给人暗示的效果,因此,你要尽量使自己的外观给初次会面的客户留一个好印象。一个人面部上的眼、鼻、嘴及头发都会带给人深刻的印象,虽然每个人的长相是天生的,但是你也能经由你自己的注意而进行相当程度的修饰。例如,有些人的眼神冷峻或双目大小不一,都会给人较不愉悦的观感,此时可以利用眼镜把这些不好的地方修饰好。洁白的牙齿能给人开朗纯净的好感,而头发散乱不整理则会让人感到落魄。其他如穿着打扮都是影响第一印象好坏的主要因素,一个连穿着都不能注意好的人,怎么能获得别人的信任呢?或许有些人认为这些都是小节,觉得自己超强的专业知识能帮给客户最大的利益,客户应该重视的是这些,而不可以貌取人。但事实上客户在做决定的时候往往是受感性的因素左右。

（二）要记住并常说出客户的名字

名字的魅力非常奇妙，每个人都希望别人重视自己，重视别人的名字，就如同看重他一样。沟通大师戴尔·卡耐基小的时候，家里养了一群兔子，每天找寻青草喂食兔子成为他每日固定的工作，有时候却没有办法找到兔子最喜欢吃的青草。因此，卡耐基想了一个方法：他邀请了邻近的小朋友到家里看兔子，要每位小朋友选出自己最喜欢的兔子，然后就用小朋友的名字给这些兔子命名。每位小朋友有了以自己名字命名的兔子后，每天都会迫不及待地送最好的青草给自己同名的兔子。了解名字的魔力，千万不要疏忽了它，在面对客户时，若能经常、流利、不断地尊称客户的名字，客户对你的好感也将愈来愈浓。

（三）让你的客户有优越感

让人产生优越感最有效的方法是对于他自傲的事情加以赞美。若是客户讲究穿着，你可向他请教如何搭配衣服；若客户是知名公司的员工，你可表示羡慕他能在这么好的公司上班。有一位销售，每天约见客户时的第一句话就是："你的公司环境真好，能在这里上班的一定都是很优秀的人才。"通过一句简单的赞扬，一下就拉近了和客户的距离。客户的优越感被满足，初次见面的警戒心也自然消失了，彼此距离拉近，能让双方的好感向前迈进一大步。

（四）替客户解决问题

销售在与准客户见面前，若是能事先知道客户面临哪些问题，有哪些因素困扰着他，若能以关切的态度站在客户的立场上表达你对客户的关心，让客户感受到你愿意与他共同解决问题，他必定会对你立刻产生好感。因此，在拜访客户之前，做一些准备工作是必要的。

（五）自己保持快乐开朗

快乐是会传染的，没有一个人会对一位终日愁眉苦脸的人产生好感。能以微笑迎人，能让别人也产生愉快情绪的人，也是最容易争取别人好感的人。因此，作为销售的每日修炼课程之一，就是每日出发前，对着镜子笑上一分钟，使自己的笑容变得亲切、自然。通过这样一种自我沟通、自我暗示的方法，先让自己愉悦起来，再用这份愉悦和活力去感染他人，这样就为你和准客户的沟通奠定了好的基础。

（六）利用小赠品赢得准客户的好感

事实上，许多国际性的知名大公司都备有可以配合本公司 CIS 形象策划宣传的小赠品，如印有公司办公大厦的小台历，有公司 LOGO 标志的茶杯、签字笔等等，供销售初次拜访客户时赠送给客户。小赠品的价值不高，却能发挥很大的效力，不管拿到赠品的客户喜欢与否，相信每个人受到别人尊重时内心的好感必然会油然而生。

以上六种方式都能使你的准客户对你立即产生好感，若你能把这六种方法当作你立身处事的方式，让它成为一种自然的习惯，相信你在哪里都会成为一位受欢迎的人物。

思考练习

1. 接近客户前的准备工作有哪些？

2. 接近客户的方法有哪些？

单元要点归纳

本单元主要讲述约见客户的概念与意义，约见客户的准备工作，约见客户的方法，推销接近前的准备，推销接近的方法。

推销约见：是一种狭义的约见，是指推销人员在拜访前事先征得客户的同意，在一定时间和地点，以一定的方式接近客户或者访问客户的过程。是接近客户的开始，对整个推销活动的成败起着极为重要的作用。

约见客户的意义：有利于合理利用销售时间，提高推销效率；便于客户与推销人员做好各自的准备工作；有助于推销人员成功接近客户；有助于推销人员顺利开展销售面谈。

约见的准备：访问对象，访问事由。

约见客户的方法：当面约见，电话约见，信函约见，委托他人约见等。

接近前的准备：客户接近准备，物质准备，精神准备。

接近客户的方法：介绍接近法，产品接近法，接近圈接近法，好奇接近法，利益接近法，戏剧接近法，赞美接近法，讨论接近法，震惊接近法，馈赠接近法，求教接近法，搭讪聊天接近法等。

案例分析

获得金靴子的销售员

2001 年 5 月 20 日，美国一位名叫乔治·赫伯特的推销人员，成功地把一把斧子推销给了布什总统。布鲁金斯学会得知这一消息后，把刻有“最大销售员”的一只金靴子赠予了他。这是自 1975 年该学会的一名学员成功地把一台微型录音机卖给尼克松以来，又一学员获此殊荣。

布鲁金斯学会创建于 1972 年，以培养世界上最杰出的推销人员著称于世。它有一个传统，在每期学员毕业时，设计一道最能体现推销人员能力的实习题，让学生去完成。克林顿当政期间，他们出了这么一个题目：请把一条三角裤推销给现任总统。8 年间，有无数个学员为此绞尽脑汁，可是，最后都无功而返。克林顿卸任后，布鲁金斯学会把题目换成：请把一把斧子推销给布什总统。

鉴于前 8 年的失败与教训，许多学员知难而退。个别学员甚至认为，这道毕业实习题会和克林顿当政期间一样毫无结果，因为当今的总统什么都不缺，即使缺什么，也用不着他亲自购买；退一步说，即使他亲自购买，也不一定正赶上你去推销的时候。

然而，乔治·赫伯特却做到了，并且没有花多少工夫。一位记者在采访他的时候，他是这样说的：我认为，把一把斧子推销给布什总统是完全可能的，因为布什总统在德克萨斯州有一农场，那儿种了许多树。于是我给他写了一封信，说，有一次，我有幸参观您的农场，发现种着许多矢菊树，有些已经死掉，木质已变得松软。我想，您一定需要一把小斧头，但是从您现在的体质来看，小斧头显然太轻，因此您仍然需要一把不甚锋利的老斧头。现在我这儿正好有一把这样的斧头，它是我祖父留给我的，很适合砍伐枯树。假若您有兴趣的话，请按这封信所留的信箱，给予回复……最后他就给我汇来了15美元。

乔治·赫伯特成功后，布鲁金斯学会在表彰他的时候说，金靴子奖已空置了26年。26年间，布鲁金斯学会培养了数以万计的推销人员，造就了数以百计的百万富翁，这只金靴子之所以没有授予他们，是因为我们一直想寻找这么一个人：这个人从不因有人说某一目标不能实现而放弃；从不因某件事难以办到而失去自信。

问题：

乔治·赫伯特靠什么方式成功约见的呢？

充分运用了信函约见的方式，实现了调查接近的接近方法。成功地把一把斧子推销给了布什总统。

模拟训练

选择一种推销品，进行实际的"寻找客户—约见客户—接近客户"的推销实践。

目的：培养学生实际动手能力和灵活运用知识的能力。

要求：可以以小组为单位，也可以个人为单位，做好推销过程的详细记录，写出书面总结。

考核点：寻找客户 ，约见客户，接近客户的业务流程和方法。

第六单元　推销洽谈

单元概述

推销洽谈是整个推销过程进入实质性阶段的标志，也是关系到整个推销成败的关键环节。这是推销人员运用各种方式、方法、手段与策略去弄清楚顾客需求所在，说服顾客购买的过程，也是推销人员向顾客传递信息并进行双向沟通的过程。在推销洽谈过程中，推销人员要充分调动情感、智力因素，充分发挥能动性与创造性，善于运用各种推销技巧，对顾客的各种问题给予满意的答复。

本单元主要讲述推销洽谈的概念、特点及其原则，推销洽谈的程序，推销洽谈的方法与策略，帮助学生掌握洽谈技巧，尽快促成交易。

单元目标

● 理解推销洽谈的基本含义和特点，明确推销洽谈的目标，掌握推销洽谈的原则，了解推销洽谈的内容。

● 熟悉推销洽谈的方法与策略，并运用到实际的推销过程中。

学习任务1 概述

任务概述

推销洽谈是一个复杂的、具有丰富内容和循序渐进的活动过程，是推销的重要环节，也是推销人员最重要的工作内容之一。如今，随着科学技术的进步，推销洽谈在现代推销环境里，方式和方法也在不断变化，人们可以利用一切可以沟通的形式进行，除了传统意义上的面对面的洽谈外，还有电话、邮件、网络视频、电子邮件等形式。但是推销洽谈的目的始终没有变化：向顾客传递推销品或服务的信息，解答顾客提出的问题，取得顾客的信任，设法保持顾客的注意和兴趣刺激顾客需求，使顾客作出购买的决定。本任务主要围绕推销洽谈的基本含义、目标、原则展开，帮助学生弄清楚什么是推销洽谈。

任务目标

- 能理解推销洽谈的基本含义和特点。
- 明确推销洽谈的目标。
- 会运用推销洽谈的原则进行推销洽谈。
- 了解推销洽谈的内容。

学习内容

一、推销洽谈的含义

推销洽谈也称交易谈判，是指推销人员运用各种方式、方法和手段，向顾客传递推销信息，使顾客对商品的兴趣上升到强烈的购买欲望，并设法说服顾客购买商品和服务的协商过程。推销洽谈是推销过程中最重要的环节，也是推销成败的关键，它是一项既丰富又复杂的活动。推销洽谈的特点体现在以下几个方面：

1. 推销洽谈的内容要围绕顾客的需求和利益展开。
2. 推销洽谈的方式、方法手段和形式灵活多样。
3. 推销洽谈具有互动性，是买卖双方共同参与的过程。
4. 推销洽谈是合作与冲突的统一，是原则性与灵活性的统一。

二、推销洽谈的目标

案例分析

一位中年妇女在超市的豆浆机专柜停留，并仔细地查看产品的功能以及不同品牌之间的价格。售货员小王看到后，走到她的身旁，问道："大姐，选择豆浆机么？"

中年妇女回答道："对，我想选择一款豆浆机，最好不要晚上提前泡豆子，可以早上直接干豆打磨。"

小王："您看这款A型号豆浆机可以么，可以干豆打磨，同时还具有五谷、米糊、浓汤、豆沙、果汁等功能，价格也特别合适，只有299元。"

中年妇女："这台豆浆机有提前预约的功能么？"

小王回答道："这台暂时还没有这个功能，但是这个品牌的B型号有预约时间的功能。"

中年妇女："那B型号的豆浆机还有五谷、米糊、浓汤的功能么？"

小王："A型号有的功能，B型号都有，还多了时间预约和自动清洗的功能呢。而且这款豆浆机的磨出的豆浆更加细腻，营养会更丰富。对了，前面的展柜上有这种型号磨出的豆浆，您可以品尝一下。"

中年妇女："这个型号的多少钱？"

小王："由于B型号豆浆机功能多，价格上要比A型号高一些，599元。现在正在举行活动，购物满100优惠20，实际上只比刚才的A型号贵100元，很实惠的。"

中年妇女："如果买回家有质量问题，怎么办？可以退换么？"

小王："这个品牌是专门做豆浆机的，一般不会出现质量问题。而且技术和售后服务都是全国最好的，它在全国各地都有维修网点。只要在保修期限内，不是人为因素的原因，都可以包退换的。"

中年妇女在小王的介绍下购买了B型号的豆浆机。

推销洽谈是推销接近的后续阶段，它是一项较为复杂的推销业务工作，它受多种因素的影响，局面更加错综复杂。因此，推销洽谈各方要有效地去应对这种局面，必须进行充分的准备，才有可能实现推销洽谈的预期目的。推销洽谈前必须首先制定一个可行的目标。洽谈者只有明确了洽谈目标以后，才能弄清自己努力的方向，才能在洽谈中把握分寸，保证洽谈的顺利完成。具体来说，洽谈的目标包括：

图6-1　顾客需求很重要

1. 寻找顾客的需求(图6-1)

从市场营销的角度去考虑，企业的根本目的是实现最大利润，而实现利润的途径是满足消费者需求。推销是市场营销中促销的一种手段,那么推销人员在洽谈之前,也必须尽量设法找出顾客的真正需要,投其所好地开展推销。

2. 真实传递商品的信息

为了说服顾客达成交易,必须向顾客全面介绍推销品的情况以及企业的情况,包括企业规模、生产工艺、销售量、功能、质量、价格、售后等方面。推销人员的信息传递要求客观、恰当、实事求是,口语表达生动以及产品功能演示到位。对于存在竞争关系的同类企业不要恶意诋毁,而是尽可能传递自身产品所具有的优势,赢得顾客的信任,激发顾客的购买兴趣作出购买决策。

3. 恰当处理顾客的异议

在推销的过程中,顾客难免会对产品、推销人员、推销方式和交易的条件产生质疑或抱怨,甚至提出否定或反对的意见。如何恰当地处理这些问题成为推销成功的关键,推销人员要针对顾客所提出的异议认真倾听,找出异议的原因,客观真实地解释说明,突出产品与服务的优势所在,使顾客消除疑虑或异议,促使顾客作出购买的决定或说明。

4. 促使顾客采取购买行为

推销的最终目的为促使顾客购买产品。当顾客对产品产生购买欲望,但未拿定主意或者不愿意主动提出成交时,顾客会产生复杂的心理冲突,作出买或者不买的决策。推销人员要准确把握顾客的心理,采用各种方式、方法和手段分析利弊、说服顾客,在产品规格性能、服务、价格、数量等方面满足顾客的需求,强调顾客所能获得的利益,解除顾客的后顾之忧,增强顾客的购买信心,尽快达成交易。

三、推销洽谈的原则

推销洽谈的原则是指推销人员具体从事推销洽谈的准则,为了达到推销的目的,实现推销的最大价值,推销人员可以灵活采用多种推销方法与技巧来说服顾客,推销人员在说服顾客的时候应遵循以下几个原则:

1. 针对性原则

所谓针对性原则是指推销人员针对推销环境、顾客的购买目的和购买动机、顾客的个性心理、产品的特点等,灵活地运用各种推销方式、方法进行产品推销。坚持针对性原则,要求推销人员要做到:第一,针对推销环境展开洽谈,不同的推销环境对推销活动的影响是不同的,也是极其复杂的。推销人员应该根据当时的推销环境,因时因地地进行推销。第二,针对顾客的动机特点开展洽谈。推销洽谈要抓住顾客的出发点,是质量上乘还是物美价廉,是个性新潮还是实用性强,是彰显身份和地位还是优质的售后服务,推销人员都应以顾客动机为出发基础,进行产品推销。第三,针对顾客的个性心理特征展开洽谈。不同的顾客,有着不同的性格、爱好、职业、经济条件、文化程度以及人生观和价值观,产生不同的购物需求,购物的个性心理也有所不同。比如,职业女性,性格开朗外向的在选择香水时会选择浓郁芳香的,性格内敛的则会选择味道清新淡雅的香水。所以,在洽谈的过程中要根据顾客的特点,设计合理的洽谈方案,增强产品的竞争力。第四,针对产品的特点展开洽谈。推销洽谈中很大一部分是针对产品的质量、功能、款式、外观特点、售后服务展开的,推销人员根据产品的特点设计推销方案、组织推销语言,灵活地运用各种推销方式和技巧进行宣传和说服,以取得洽谈的成功。

2. 诚实性原则

诚实性原则,是指推销人员在推销洽谈过程中切实对顾客负责,真心实意地与顾客进行推销洽谈。诚实性原则是推销人员具备的最基本的行为准则。诚实性原则包括三方面的内容:第一,讲真话,实事求是地向顾客传递信息,真实客观地向顾客展示产品信息,取得顾客的信任。第二,出示有效真实可靠的身份证明和推销证明,出示产品相关的质量认证书、专利证书,打消顾客疑虑,坚定顾客购买信心。第三,推销产品与企业产品完全一致,货真价实,树立良好的信誉,不欺瞒顾客。

3. 鼓动性原则

所谓的鼓动性原则,是指推销人员在推销洽谈中用自己的信心、热情和真诚,以自己丰富的知识有效地感染顾客,说服和鼓励顾客采取购买行动。有时候,平铺直叙显得平淡无味;就事论事不能打动顾客。推销人员要克服身份、角色的心理压力,抱有成功的信念,用鲜明、形象、生动的语言打动顾客的感情,用事实和逻辑的力量折服顾客的理智,以提高推销洽谈的鼓动性效果,打动顾客的心。

4. 倾听性原则

倾听性原则,是指推销人员在推销洽谈过程中,全神贯注地听取顾客的意见和要求,倾听会使顾客感到推销人员对自己的尊重,增强顾客的信心。有时候,推销人员为了达到推销目标,滔滔不绝地向顾客介绍自身产品的优势,而忽略了顾客的需求与感受,使顾客没有机会表达自身的想法,从而产生厌烦情绪,导致推销的失败。相反,若是认真聆听顾客的需求和想法,热心解答顾客的疑问,提供有效的服务,会使顾客感受到推销人员对自己的尊重与重视,有益于推销洽谈的成功。

5. 参与性原则

参与性原则,是指推销人员在推销洽谈过程中,积极引导顾客参与推销洽谈,促进信息双向沟通。坚持参与性原则,有助于顾客进一步了解推销品的功能、特点,熟悉推销品的使用方法,有利于顾客加深对推销品的印象,诱发顾客的购买动机。同时,推销人员和顾客打成一片,能够使顾客增强认同感和归属感,尽快完成推销任务。比如,很多美容护肤店都推出了免费体验的环节,听取顾客的意见,根据顾客的需求定制私人化服务,良好的互动促使顾客作出购买决策。

四、推销洽谈的内容

在洽谈方案中,必须事先确定洽谈可能涉及的内容。洽谈的内容也应围绕顾客所关心的问题来确定。一般包括以下方面:

1. 商品品质

商品的品质是商品内在质量和外观形态的综合,是顾客最关心的内容,也是影响价格最主要的因素。推销人员必须全面介绍,它包括商品的规格、性能、质量和款式等,让顾客对商品有一个全面的了解。就拿商品的质量来举例,商品是否符合同类商品的质量标准,如国家标准、行业标准、地方标准，都可以根据顾客需求有侧重地介绍给顾客。

2. 产品的价格

成交价格的高低，直接影响到交易双方的经济利益，所以价格是推销洽谈中最为敏感的问题。推销人员应该认识到，价格并非越低越好，价格低的商品不一定畅销，价格高的商品也不一定没有销路。因此，价格的适宜决定了买卖双方能否成交。在价格洽谈中，推销人员要在不违反公司制定政策的基础上，灵活运用价格这一敏感的洽谈焦点，针对顾客的不同要求，并充分考虑与价格相关的成本、付款条件、通货膨胀、彼此信任与合作程度等有关因素，巧妙定价。

3. 销售服务

推销人员应从本企业的实际出发，将本企业承诺的服务范围真实准确地传递给顾客。明确双方的权责范围，以避免不必要的麻烦。

4. 结算条件

买卖双方应本着互惠互利、互相谅解、讲究信誉的原则对结算条件进行磋商，内容主要包括结算的方式和结算时间。在洽谈中需要敲定：结算方式使用的货币，现金还是本票、支票等其他支付方式；是一次付清还是分期付清，以及每次的付款时间和付款金额；在结算时间方面，是预付款项还是货到付款。

5. 保证条款

保证条款是指在交易过程中，买卖双方对买进、售出的商品要承担某种义务、责任，以保证双方的利益的担保手段，它也是一种解决纠纷的方法。一项金额、日期、数量、风险较大的交易，利益双方都会就合同的取消、履约、违约等有关权利、义务、纠纷、处理办法进行洽谈协商，以免引起不必要的麻烦。

思考练习

1. 推销洽谈的原则是什么？
2. 推销洽谈的内容是什么？

学习任务2 推销洽谈的程序

任务概述

推销洽谈前，购销双方已经通过各种渠道有所接触，双方都有交易的动机和意愿，在经过一些准备之后，双方在约定的时间、地点进行正式的洽谈。本任务主要对推销洽谈的程序作一下介绍，明确洽谈过程的各个阶段，保证洽谈的顺利进行。

任务目标

- 了解推销洽谈的程序。
- 掌握正式洽谈过程中的各个阶段。

学习内容

推销人员在推销活动中会面对形形色色的顾客，为了推销的成功，推销人员在洽谈前需要做好充足的准备。一般而言，大致可分为洽谈准备、正式洽谈、检查确认。每个阶段都有不同的基本要求和工作重点。为此，推销人员一定要掌握好洽谈的步骤，循序渐进，逐步实现推销洽谈的目标。

一、洽谈准备

如图6－2所示，推销人员手拿减肥药，借助样品可以有效地向顾客推销产品，但是推销人员圆润的体型却为她推销的减肥药做了反面教材，使人们对她推销的产品产生质疑，所以推销人员在洽谈前必须进行充分的准备，做到不打无准备之战，胸有成竹，才有可能有效地实现推销的预期目的。推销洽谈的准备阶段包括制订洽谈计划、准备产品的样品、说明书、质量认证等洽谈资料。

图6－2　差劲的推销人员

制订洽谈计划是在洽谈准备阶段的首要环节，其中包括：洽谈的预期评价；确定推销洽谈的时间、地点；进一步核实顾客的基本情况；提供产品样品和服务的有关信息；选择推销洽谈的策略和方法。只有准备到这样的程度，才能在推销洽谈中灵活、有针对性地推销。同时，推销人员要冷静地梳理推销要点，充分调动自身的积极因素，保持良好的精神状态。

选择好洽谈的环境，是企业的生产车间还是办公室，是舒适的酒店还是茶餐厅，良好、适宜、和谐的洽谈环境才能引起对方的洽谈兴趣，奠定良好的合作基础，也体现出对客户的尊重。

推销人员不能单纯地滔滔不绝地讲话来推销产品，样品、图片等辅助工具会更加直观地展示出产品的优点，具有极强的感染力和说服力，激发出顾客的购买欲望。

二、正式洽谈

洽谈的双方在约定的时间、地点进行正式的商谈，它主要包括以下几个阶段：

1. 推销洽谈的摸底阶段

推销洽谈的摸底阶段是谈判双方试探性地慎重地提出问题，互相了解对方，旨在建立推销洽谈气氛，获得推销的有效信息。良好的开端是成功的一半，从刚开始的见面入座到洽谈的实质内容之前，要竭力营造一种轻松、友好、愉快与和谐的谈判气氛，尽量避免直奔话题，可以先介绍自己的姓名、分工、职务、企业的沿革等方面，甚至是个人的喜好以拉近双方之间的距离，为洽谈做好铺垫。当谈判双发彼此对谈判的气氛满意，彼此诚意合作，此时各方可以将自己的立场作一个粗略的叙述，同时听取对方的陈述。推销人员此时要对顾客的需求、愿望给予充分的关注，并作出明确的判断。开场陈述时间不宜过长，点到为止，使对方能很快提问，从而展开沟通与交流。

2. 推销洽谈的报价阶段

报价阶段是推销洽谈双方分别提出协议的具体交易条件，双方就推销主题展开讨论，它涉及谈判双方的基本利益，因此报价是推销洽谈十分重要的阶段，既是开场陈述的深入，也是洽谈的核心和关键。推销洽谈中，不论谁先报价，都需要综合考虑价值和风险两种因素。价格条件的洽谈是推销洽谈的中心内容，它涉及买卖双方利益，是买卖双方最为关心的敏感问题。推销人员可按企业所定的上下限价幅度，适当报价，报价时力求报价果断、明确、清楚、无保留、不犹豫，面对顾客的价格疑问做到不问不答、有问必答、避虚就实，尽量留有充分磋商余地，便于对方还价。

3. 推销洽谈的磋商阶段

为了解决分歧，推销人员和顾客都会积极采取各种策略与技巧，寻求双方利益的最大化，并对各种交易条件进行磋商，试图说服对方接受自己的主张或作出一定的让步。磋商阶段是双方利益矛盾的交锋阶段，谈判双方之间存在分歧或彼此处于对立状态是不可避免的。因此，要判断分歧的类型，是由于误解产生的分歧还是出于策略的考虑造成的人为分歧，或者是由立场相差太远产生的分歧，从而有针对性地适当地让步，寻求解决彼此分歧达成协议的办法。妥协与让步应与自己设定的目标相联系，让对方认同自己的观点，在洽谈中获得主动权，保证自己的利益。在此阶段，切记：让步时不作无利益的让步，不作同等幅度的让步，不作过早地让步，不作大幅度地让步。此阶段是洽谈的最关键阶段，也是最难的阶段，处理好这个阶段的问题是成功洽谈的重中之重。

4. 推销洽谈的成交阶段

推销洽谈的成交阶段是推销洽谈的最后阶段。双方经过彼此的妥协与让步，重大分歧基本消除，意见逐步统一，趋势逐渐明朗，最终双方就有关的交易条款达成共识。在这一阶段，洽谈双方基本达成共识，但是又不愿意自己先开口表达自己的意愿。此时，推销人员应主动把握好时机，主动出击，用言语或行为向对方发出成交的信号。当顾客明确表示愿意成交时，推销人员应抓住机会，因势利导，对最后成交的有关问题进行归纳和总结，对遗留问题作出说明与解释。双方最好在磋商阶段形成一个备忘录，备忘录并不视为合同或协议，它只是双方当事人暂时商定的一个意向，是以后达成正式协议的基础。协定备忘录代表双方的承诺和整个谈判过程基本结束，下一步工作才是签订合同或协议。

三、检查确认

在最后阶段，应将整理出的洽谈记录，从头到尾检查一遍，双方确定记录无误后，所记内容便是起草书面协议的主要依据。起草书面协议应谨慎和全面,对敏感性问题,应特别细致,诸如价格、质量、数量、送货时间、付款结算、索赔处理、售后服务等方面协议条款要力求明确,不能含糊。协议双方审核无误后,要签字确认。对于小额直接交易,主要应做好货款的点放和产品的检查移交工作。

在洽谈成交后,应主动向顾客诚恳地表示感谢,并礼貌地道别。给顾客留下良好的印象,为以后的交易往来打下良好的基础。

思考练习

1. 推销洽谈的环节有哪些?
2. 正式洽谈分为哪几个阶段?

模拟训练

甲方:生产学生桌椅的厂家推销人员。

乙方:学校课桌采购人员。

条件:学校马上要开学,每套桌椅预期价格为 70 元,预定 600 套桌椅,希望能在 5 天之内送达学校组装完毕。而厂家 5 天之内最多能生产 500 套桌椅,每套桌椅的价格为 75 元。

现在,甲、乙双方已经碰面。

模拟:要求每 2 名学生为一组,模拟推销洽谈场景,体验推销洽谈程序。小组直接交流推销洽谈后的感想。

学习任务3 推销洽谈的方法与策略

任务概述

推销洽谈是一门技术,也是一门艺术。在推销洽谈中,推销人员要针对不同的产品、不同的顾客,灵活地采用恰当的推销洽谈方法,说服顾客,激发顾客的购买欲望,最终达成交易。推销人员在具有产品专业知识的同时,更要掌握并灵活运用推销洽谈的方法与策略。本任务主要介绍了推销洽谈的方法和策略,并用生动的案例对方法和策略作了注解,有助于学生尽快进入洽谈角色,运用推销洽谈技巧,完成推销。

任务目标

- 了解推销洽谈的方法与策略。
- 熟练运用推销洽谈的方法与策略。

学习内容

推销洽谈的方法与策略有许多种，对于不同的商品、不同的顾客有不同的方法与策略，关键是能够运用洽谈的方法与策略激发起顾客的购买欲望，完成推销，达成交易。

一、推销洽谈的方法

推销洽谈的方法主要有诱导法、提示法、介绍法和演示法。下面将对各种方法进行逐一的介绍。

1. 诱导法

诱导法是指推销人员在推销洽谈时，为了引起顾客的兴趣，激发顾客的购买欲望，从谈论顾客的需要与欲望出发，并巧妙地把顾客的需要与欲望同推销品紧密地结合起来，诱导顾客明确自己对推销产品需求，最终说服其购买的方法。这种方法在推销洽谈中，营造出和谐的气氛，最能引起顾客的兴趣，使顾客相信推销人员理解他的愿望和需求，推销人员会努力解决他所面临的问题。

2. 提示法

所谓提示发生，是指推销人员用语言形式直接或间接、积极或消极地提示顾客购买推销品的一种方法。

(1)直接提示法：是指推销人员直接开门见山地阐述商品价值与收益，说服顾客购买其推销品的洽谈方法。这种方法的特征是：直接向顾客陈述产品的优缺点，简单明快，节省时间，符合现代人的生活节奏。在运用直接提示法时要注意以下几点：

①提示要抓住要点，产品特性紧扣顾客的需求。

②提示的内容要直接简明，易于被顾客了解。

③提示内容针对顾客的个性心理特征。

(2)间接提示法：是指推销人员采取间接的信息传递方法，向顾客传递推销品的重点信息，从而劝说顾客购买推销品的洽谈方法。运用间接虚构法可以避重就轻，制造有利于面谈的轻松气氛，完成推销。

运用间接提示法，可以虚构一个购买者，间接地针对顾客进行提示，使用委婉温和的语气和语言讲述购买动机与购买需求，使顾客觉得讨论的是别人而不是自己，减轻顾客的压力。使用该方法要注意不要脱离主题，不着边际的举例，在洽谈后期可以结合直接提示法进行说服，以更好地把握机会。这种方法适用于自恃清高、自认聪明的顾客。

(3)明星提示法：是指推销人员借助有名望的自然人、法人或社会团体购买、使用推销品的事例，来说服顾客购买推销品的洽谈方法。明星提示法利用了人们的认同心理，利用明星的效应消除顾客的疑虑，提示中的明星应是顾客熟知的崇拜对象，应与推销品有必然的内在联系,以增强洽谈的吸引力和说服力,所提及的事实是真实的,是经过当事明星知情与验证的,只有这样才能取得顾客的信任。

(4)联想提示法:是指推销人员通过提示事实,描述某些情景,使顾客产生某种联想,刺激顾客购买欲望的推销洽谈的方法。联想提示法要求推销人员善于运用语言的艺术去表达、描绘,避免刻板、教条的语言,也不能采用过分夸张、华丽的辞藻。这样,提示的语言方能打动顾客,感染顾客,让顾客觉得贴切可信。

一位推销健身器材的推销人员对女士说:"您的身材已经很棒了,但是使用我们的产品后,您会更苗条、更健康,穿衣服更有型、更有活力,回头率会更高。"听完这番话,该女士会产生美好的联想,激起购买健身器材的愿望。

(5)逻辑提示法:是指利用逻辑推理来说服顾客购买推销品的一种提示方法。它通过逻辑的力量,促使顾客进行理智思考,从而明确购买的利益与好处,并最终作出理智的购买抉择。逻辑提示法符合购买者的理智购买动机。在运用逻辑提示法时应注意以下几点:

①逻辑提示法的适用顾客必须具有较强的理智购买动机。市场营销学研究证明,顾客的购买动机因各种原因而大致分为三大类:即理智型、情感型、惠顾型。只有那些文化层次较高、收入一般或财力较薄弱、倾向于条理化思维、意志力强的顾客才可能具有理智性动机,因而可以对他们运用逻辑推理提示法;而倾向情感型购买动机与惠顾型购买动机的顾客,则不适用这种方法。

②要针对顾客的生活与购买原则进行推理演示。在同属于理智型购买动机的顾客群内,不同身份、不同职业的人有不同的动机内容,有不同的逻辑思维方式,不同的购买推理逻辑与准则。因此,推销人员应尽最大可能分析了解顾客的个性倾向、人生哲学;了解顾客思考问题的方法、模式与标准;了解顾客具体的购买动机与购买逻辑,从而说服顾客购买。

③做到以理服人。不符合科学伦理的强词夺理是不能服人的。逻辑推理之所以有力量,也就是因为它是科学的,符合与强调科学伦理的。

(6)激将提示法:又称相反提示法,是指推销人员利用反暗示原理来说服顾客购买推销品的洽谈方法。在推销洽谈的过程中,要紧紧围绕顾客需求,根据顾客的心理特征,对顾客的购买欲望用反暗示增强提示震撼力,但不能冒犯顾客,语言适当没有使顾客产生相反的行为,而与自己的初衷相悖。运用该方法要注意以下几点:

①尊重顾客,同情顾客,善意刺激。

②抓住顾客的购买动机。

③讲究语言艺术,注意分寸。

④此方法不适应于过于敏感和反映迟钝的顾客。

3. 介绍法

介绍法是指推销人员利用生动形象的语言介绍推销品,说服顾客购买的洽谈方法,具体见表6-1。

表 6－1　　介绍法

方法	具体内容	案例
直接介绍法	推销人员直接介绍推销品的性能、特点、价格、服务及该产品能给顾客带来的好处等，以劝说顾客购买的方法	比如说"全场消费满 500 元，八折优惠"，直接介绍了商品的价格优惠
间接介绍法	推销人员往往不直接说明推销品的质量、性能、价格、服务以及能给顾客带来的好处，而是通过介绍与其密切相关的其他事物，达到间接地介绍推销品、说服顾客目的方法	"您看这件衣服的面料、做工……"不是直接介绍衣服，而是通过其他方面间接地说明衣服的优点

4. 演示法

演示法又称直观示范法，是推销人员运用非语言的形式，通过实际操作推销品或辅助物品，让顾客通过视觉、听觉、味觉、嗅觉和触觉直接感受推销品信息，最终促使顾客购买推销品的洽谈方法。演示法主要有以下几种：

(1)产品演示法：是指推销人员通过直接演示推销品本身来劝说顾客购买推销品的洽谈方法。推销人员通过对产品的现场展示、操作表演等方式，把产品的性能、特色、优点表现出来，使顾客对产品有直观的了解。从现代推销学原理上讲，推销品本身就是一个沉默的推销人员，是一个最准确、最可靠的产品信息来源，再生动的描述与说明，都不能比产品自身留给消费者的印象更深刻，可谓百闻不如一见。

产品演示法的作用有两个方面：一是形象地介绍产品，因为现代推销品众多，推销人员无法完全利用口头语言来传递全部推销信息，千言万语不如让顾客通过感官直接与推销品见面；二是起证实作用。产品演示法可以制造一个真实可信的推销情景，直观了解，胜于雄辩。运用产品演示法时应注意：应根据产品的特点选择演示的内容、方法、时间、地点等；应善于控制洽谈气氛，掌握洽谈进度，抓住适当动机，看展产品演示；应鼓动顾客一起参与，使顾客亲身体验产品的优点，从而产生认同感与占有欲望。

案例分析

一位推销人员到一所学校去推销圆规，这种圆规是教师用来在黑板上画图用的，厂家对其结构略微作了一些改造，将其中作为圆心的一端由原来的钉子状改成为橡皮头的，这样便于在黑板上固定位置。当推销人员将这种圆规拿给顾客看时，顾客很清楚它的效用，甚至连使用效果都可以想象。但推销人员还是拿起圆规在办公室的水泥地上作了示范，并鼓励顾客也试一试。很快，这所学校就购买了大批的教学圆规。

(2)文字图片演示法：是指推销人员通过演示有关推销品的文字、图片资料来劝说顾客购买推销品的洽谈方法。在不能或不便直接展示产品的情况下，推销人员通过向顾客展示推销品的文字、图片、图表、音像等资料,能更加生动、形象、真实可靠地向顾客介绍产品。在借助音像影视设备来展示产品时,会做到动静结合,图文并茂,收到良好的推销效果。

小李是一家家庭装饰公司的销售员,在接待顾客时,小李总是首先询问顾客对房间装饰的总体想法,了解各房间尺寸,然后通过电脑软件将装饰后的效果显示在电脑屏幕上让顾客看。由于能够在房屋未完成装饰前就看到装饰后的效果,顾客很容易接受小张的建议,往往在与小张的洽谈中就签订了装饰协议。

(3)音响、影视演示法:是指推销人员利用录音、录像、光盘等现代工具进行演示,来劝说顾客购买推销品的洽谈方法。这种方法具有很强的说服力和感染力,是一种非常有效的演示方法,可以使顾客有身临其境的感觉,例如:某旅行社推出的旅游线路电视介绍短片、产品生产流程片等等。

(4)证明演示法:是指推销人员通过演示有关的证明资料或进行破坏性的表演,来劝说顾客购买推销品的洽谈方法。这是现代推销洽谈经常用到的方法。比如生产许可证、产品质量鉴定书等等。此种方法的运用要求:证明资料要真实可靠,具有权威性和针对性;目的在于证明而非炫耀,要让顾客心悦诚服。

二、推销洽谈的策略

在推销洽谈中,人们根据经验总结出了一些策略。在洽谈过程中运用这些策略,可以提升成洽谈的功率,推销洽谈的方法有以下几种:

1. 自我发难策略

自我发难策略是在洽谈中针对对方可能提出的问题,先自行摆出,再加以解释、阐明立场的洽谈策略。该策略必须建立在深入调查、知己知彼的基础上,问题必须选得恰当,理由必须令人信服。

2. 步步为营策略

步步为营是指推销人员在推销洽谈中,不是一次就提出总目标,而是先从每一个具体目标的洽谈入手,最后完成整个洽谈目标的洽谈策略。推销人员在价格洽谈中让价的步子平稳,不急不躁,无论面对多大压力,都坚持有步骤地让价,每次让价的幅度都很小。可随时在双方都满意的价格水平上达成交易。由于每次顾客提出的让价要求都得到了答复和回应,使价格洽谈多次处于高潮的状态下,每一次让价所形成的高潮都是一次可能达成交易的机会。采用该策略使推销人员在讨价还价中掌握主动,有足够的时间来磨砺自己的性格,使自己掌握一定的推销技巧与策略,最终达成对自己有利的交易条件。

3. 扬长避短策略

扬长避短策略是指推销人员在推销洽谈中尽量突出自己的产品的优点和长处,避免谈及缺点和不足的策略。在某些方面,己方的条件不如别人,但在另外一些条件上己方会占有一定的优势,甚至是绝对优势,在综合因素的考量之下,自己的产品并不比别人的差。某品牌的方便面,价格稍贵,但是每包面里会加送一个卤蛋,推销人员在推销时扬有卤蛋的长处,避价格略贵的短处,销售量一直居高不下。

4. 曲线求利策略

曲线求利策略是在某些条件上己方已向对方作出让步，损失了部分利益，可以通过在其他方面提出条件要求对方让步来弥补这部分利益的损失。在 2008 年的北京奥运会体育赞助商的竞争中，我国本土体育运动品牌输给了国际体育品牌阿迪达斯，但是该品牌同中央电视台体育频道合作，使得工作人员都穿上了印有该品牌 logo 的衣服，出镜的播音员同样为该品牌做了免费的广告，使得该品牌大卖。

5. 折中调和策略

折中调和策略是指在洽谈处于僵持局面时，由一方提出折中调和方案，即双方都作出一些让步以达成协议的策略。运用此策略应注意选择好时机，一定要在最后的条件决定之时；还应审时度势，不宜率先提出折中的方案，以免离目标成交点相距太远。另外，坚持自己的原则立场，在关键问题上不作让步。

6. 不开先例策略

不开先例策略通常是指在谈判过程中处于优势的一方，为了坚持和实现提出的交易条件，而采取的对已有用的先例来约束对方，从而使对方就范，接受己方交易条件的一种技巧。它是一种保护卖方利益，强化自己谈判地位和立场的最简单而有效的方法。买方如果居于优势，对于有求于己的推销商也可参照应用。例如，有家很有名的火锅鸭店，每天定量 50 只鸭子，从不增加或减少数量，但是门口每天都是长长的队伍。

思考练习

1. 演示法包括哪几种？
2. 推销洽谈的策略有哪几种？

单元要点归纳

推销洽谈是指推销人员运用各种方式、方法和手段，向顾客传递推销信息，使顾客对商品的兴趣上升到强烈的购买欲望，并设法说服顾客购买商品和服务的协商过程。一般而言，推销的目标包括：寻找顾客的需求；真实传递商品的信息，恰当处理顾客的异议；促使顾客采取购买行为。

推销洽谈包括以下原则：针对性原则、诚实性原则、鼓动性原则、倾听性原则、参与性原则。

推销洽谈的内容包括：商品品质；产品的价格；销售服务；保证条款；结算条件。

推销洽谈的程序分为洽谈准备、正式洽谈、检查确认环节。

正式洽谈环节分为：推销洽谈的摸底阶段、推销洽谈的报价阶段、推销洽谈的成交阶段、推销洽谈的磋商阶段。

推销洽谈的方法主要有诱导法、提示法、介绍法和演示法。提示法包括：直接提示法、间接提示法、明星提示法、联想提示法、逻辑提示法、激将提示法。介绍法包括:直接介绍法和间接介绍法。演示法包括:产品演示法、文字图片演示法、音响影视演示法、证明演示法。

推销洽谈的策略包括:自我发难策略、步步为营策略、扬长避短策略、曲线求利策略、折中调和策略、不开先例策略。

案例分析

一位年轻的太太,推着婴儿车内有一个大约不到1岁的孩子,正往前走着,从旁边走来一位老太太,和这位年轻的妈妈聊了起来,边聊边笑嘻嘻抱起孩子。“这孩子真胖,长得像你,多大了?”那位年轻的妈妈边笑边回答。接着老太太把孩子放到小车上,从她随身带的包中拿出两个小背心。“唉,我那儿媳妇下岗了,卖点小东西,这两件是断码的,全棉,你看这孩子穿上准好看。”老太太看到那位年轻妈妈不愿意买,又指着她的产品说:“这两件你要是都要了,每件便宜5毛钱,每件4元,你回去打听一下,要是买贵了,我以老太太这把年纪担保,我再赔你4件”。最后这位年轻的妈妈看了看,并不十分情愿买了2件。

思考:在这个案例中,分析老太太推销洽谈做了哪些准备?在推销洽谈中运用了哪些方法与策略,完成了推销?

模拟训练

推销人员角色:你是一家手机专卖店的销售员,这家公司在市内有30多家专卖店和服务点。主要销售黑莓牌的手机,属于高档手机,价格相对较贵,一般市场价在3 500元。这种手机具备以下特点:

1. 待机时间长(2周)。
2. 电话号码存储量大(500个)。
3. 拍照功能/彩信。
4. 90秒录音功能。

客户角色:现有一个从事销售业务的IT人士,他现在用的是一个老款的手机(已经使用2年),可以待机24小时,存50个电话号码,无彩信和录音功能,目前想换但也不着急换,他已经参观过几家手机销售店,初步看上一款诺基亚品牌的新型手机,价格比黑莓便宜300多元,但待机时间(2天)和号码容量(100个)都没有其大,没有录音功能。

要求:每2名学生为一组,进行角色扮演,请设计一个面对面的销售洽谈流程,使得手机能够推销出去。

第七单元　异议处理

单元概述

推销人员从寻找客户到交易达成的整个推销过程中,难免会遇到顾客提出一些问题、意见或者相反的看法,并以此作为拒绝购买的理由。顾客提出异议是正常现象,它既是阻碍成交的障碍,又是成交的信号。因此,善于分析和妥善处理顾客异议,是现代推销人员必须具备的能力。推销人员只有准确把握顾客产生异议的原因、类型,掌握处理顾客异议的策略与技巧,才能消除异议,促成交易。

本单元通过学习顾客异议的类型,分析产生的原因,针对原因设置处理顾客异议的程序,并介绍了处理顾客异议的原则和方法,帮助学生走上工作岗位后能运用恰当的方法处理顾客异议,做到有的放矢。

单元目标

● 理解顾客异议的概念;准确判别顾客异议的类型和成因。

● 掌握处理顾客异议的程序、原则、和方法,并能熟练地运用到推销过程中,处理顾客异议,促成交易。

学习任务1 正确认识顾客异议

任务概述

推销人员在寻找客户到达成交易的整个推销过程中，不可避免地会遇到客户的各种异议。任何一个销售人员都必须随时做好心理准备和思想准备，善于分析和处理各种客户异议，努力促使客户产生购买行为。本任务主要介绍了顾客异议的类型，能够帮助学生在实际工作中正确辨别顾客的异议，从而有针对性地处理异议。

任务目标

- 理解顾客异议的概念。
- 准确判别顾客异议的类型和成因。

学习内容

一、顾客异议的概念

顾客异议，指顾客对推销品、推销人员及推销方式和交易条件发出的怀疑、抱怨，提出的否定或反面意见。顾客产生异议是推销过程中出现的正常现象，是买方为争取有利的交易条件所做的努力。

推销活动是从处理客户异议开始的，并且处理异议贯穿整个销售过程的始终。推销工作能否顺利进行，取决于推销人员、产品和顾客之间能否保持协调一致。一般来说，顾客在接受推销的过程中，不提任何异议就着手购买的情况是不多见的。顾客在购买某一产品前，首先要考虑的是产品的使用价值，即产品能否满足自身需求。此外，顾客在权衡产品时还会受到经济条件、心理因素、环境条件等多方面因素的影响，因而会对价格、质量、售后服务等提出一系列的异议。不提任何异议的顾客往往是没有购买欲望的。因此，推销人员必须要准确把握顾客产生异议的原因、类型，从而正确处理顾客异议。

二、顾客异议的类型

1. 从异议的性质划分

(1) 真实异议：也称有效异议，是指客户对推销商品的真实看法，是客户对推销介绍的真实反应。

（2）虚假异议：顾客用来拒绝购买而故意编造的各种反对意见和看法，是顾客对推销活动的一种虚假反应（表7－1）。

表7－1 虚假原因与真实原因

序 号	虚假原因	真实原因
1	我考虑考虑再说	没钱；目前不需要；价格太贵；对产品、公司、推销人员不信任
2	没钱	有钱，但不舍得买
3	我要和领导（家人）商量商量	自己拿不定主意
4	给我时间我再想想	没有其他人的同意，无权擅自购买
5	我们已经有了	不想更换厂家
6	我还没有准备要买	认为别处的会更加合算
7	价格太贵了	想到处比价
8	没打算要买	此时忙着处理别的事情，没时间

2. 从异议的内容划分（表7－2）

表7－2 按异议内容划分

序号	异议的内容	概念解释	具体表现
1	需求异议	顾客从自身的需求出发，认为自己不需要这种产品	我不需要这种产品 我已经有了
2	价格异议	顾客对产品的价格过高或者过低产生的异议	顾客对产品的包装、外形、质量是满意的，只是对产品的价格产生了异议，想要讨价还价
3	产品异议	顾客针对产品的质量、性能、规格、外形、包装等方面产生的异议	会担心产品本身能否满足自身的需求
4	服务异议	服务异议是指顾客对所承诺的售前、售中、售后方面的服务产生的异议	以后可以免费维修么 有什么三包服务
5	权利异议	顾客以缺乏购买决策权为由提出购买的异议	领导不在家，我无法做决定 订货的事情，我无权决定
6	支付能力的异议	顾客是否有足够金钱支付产品而产生的异议	往往不会直接表现出来，而是间接表现为对样式、质量、型号的不满
7	购买时间的异议	顾客往往认为现在并没有处在最佳的购买时间，或者对推销员提出的交货时间存在异议	等等再买 下次再买
8	推销人员的异议	顾客对推销人员的行为不满意产生的异议	推销人员过分夸大产品优点、自吹自擂、礼数不周，使顾客产生厌恶

三、顾客异议产生的原因

知己知彼才能百战百胜,推销人员只有了解产生客户异议的原因,才能展开有针对性的推销。一般来说,顾客异议产生的原因有以下几种:

1. 顾客方面的原因

不同顾客由于自身生理、心理因素的影响,会从多方面提出异议,产生异议的顾客方面的原因主要有:

(1)顾客的需求:顾客因需求方面的原因而拒绝购买产品,可能是因为他确实不需要,或者暂时没有发现自己对本产品潜在的需求。因此,推销人员要力图了解客户需要,唤醒顾客的需求意识,刺激顾客的购买欲望。

(2)顾客的支付能力:顾客的支付能力,是指顾客在一定时期内,购买商品的货币支付能力。他是顾客满足需求、实现购买的物质需求。如果顾客没有购买能力,会以其他异议作为拒绝的理由来掩饰真正的意图。但是没有支付能力和不愿意支付是不同的,这时需要推销人员善于察言观色,分析顾客的购买力,不做无效的推销;同时注意自己的态度,不放弃成为自己未来客户的可能性。

(3)顾客的偏见(图7-1):顾客由于自身经历等方面的原因,可能会提出不合理的异议,这往往是顾客的偏见造成的。偏见会导致顾客看待问题片面,缺乏整体观念,而且一旦偏见形成就很难克服。因此,推销人员在推销过程中应谨慎,尽量避免偏见、成见和习惯问题,不要给客户形成偏见的机会。

图7-1 进口产品"高大上"

(4)顾客的购买权限:一般来说,无论是一个家庭还是一个企业,都会存在购买权利的决策中心。如果推销的对象无权决定购买产品、购买多少,会用"这个我说了不算""我们再商量一下"等托词直接表明,或者借故对购买条件、购买时间等提出异议。因此,推销人员要在判定顾客资格时,一定要认真仔细,尽量避免销售努力的浪费。

(5)顾客的购买习惯:很多情况下,顾客拒绝购买产品,是由其本身的购买习惯决定的。消费者在长期的购买活动中已形成了一些固有的习惯,比如购买护肤品只认一个品牌,而这些习惯是很难改变的。所以,当推销活动与顾客的购买习惯不一致时,顾客就会提出异议,增加销售的难度。

(6)顾客的自我保护:人都有自我保护的意识,对陌生的事物都会有一定的戒备心理。在推销的过程中,顾客面对没有使用过的商品,或者不清楚商品的价值能否兑现,会对推销人员的推销产生排斥的表现。推销人员要提醒顾客商品所能带来的利益,唤醒顾客的兴趣,给顾客寻找享有主动权的地位和机会,使顾客打消顾虑,进而达成交易。

2. 产品方面的原因

由于所推销产品的价值、功能、利益、质量、造型、包装等方面不能令顾客满意而引起顾客异议的情况也是常见的。具体表现在以下几个方面:

(1)产品的质量:产品的质量是产品的一切属性中最重要的属性,他是产品的根本。一个产品质量的好坏直接影响到顾客的购买行为。顾客对产品颜色、规格、型号等方面的要求都是基于产品质量的基础之上的。如果质量达不到顾客的要求,顾客就会产生异议。这时候推销人员要对症下药,消除顾客的异议。

(2)产品的使用价值与价格:一般情况下,产品的使用价值和价格是紧密相连的。当产品能够满足顾客需求的属性时,对顾客来说就是有用的;而对顾客没有用时,即使质量再好,顾客也不会购买。只要能满足顾客的使用价值,就算价格昂贵,顾客有时也能接受。而顾客对价格产生异议则表现在:产品价格过高,物非所值,或者价格高出了自己的心理预期;价格过低,产生便宜没好货的心理;没有支付能力;想讨价还价;通过价格异议达到其他目的。因此,推销过程中遇到此类问题,要掌握产品知识,向顾客传递物超所值的信息,消除顾客异议。

(3)产品的外形、包装、品牌:产品的外形、包装都是产品的一个重要组成部分,有利于产品的识别度,区分其他产品。一般顾客都喜欢购买包装精巧、大方、美观、环保的商品。而品牌现在更是产品品质、产品特色、售后服务的象征,为了保险起见,现在顾客喜欢购买信得过的品牌。若产品的外形、包装没有特色,又无品牌的辨识度,一般会产生顾客异议,需要推销人员灵活处理。

3. 推销人员的原因

有时,推销人员的仪容仪表、言谈举止、推销方式会令顾客产生异议。比如,喋喋不休地推销商品,不注意顾客的感受,把自己的想法强加于顾客,会使顾客产生厌烦的情绪。同时,对于产品方面的知识了解较少,不能准确地传递商品信息,或者无法回答顾客在产品方面的疑问,从而使顾客产生异议。

4. 企业方面的原因

在推销过程中,也会有来自企业方面的原因使顾客产生异议。比如,企业的生产管理水平不高、知名度不高、产品自身质量有问题,都会影响顾客的购买行为。

思考练习

1. 顾客异议的类型有哪些?

2. 顾客异议产生的原因中,顾客方面的原因和产品方面的原因分别有哪些?

学习任务2 处理顾客异议的原则与策略

任务概述

顾客异议在推销过程中是不可避免的，关键是能够用恰当的方法进行正确的处理，使推销可以继续进行下去。为使顾客留下良好的印象，处理顾客异议要有正确的态度，熟悉处理顾客异议的流程，掌握处理顾客异议的原则和策略，才能使工作富有成效。态度决定一切，处理顾客异议要有正确的态度。本任务主要介绍了处理顾客异议的程序、原则和策略，策略的运用有助于消除顾客异议，尽快达成交易。

任务目标

- 体会处理顾客异议应有的态度。
- 熟悉处理顾客异议的一般程序。
- 掌握处理顾客异议的原则与策略，并能运用到生活实际中。

学习内容

一、处理异议的态度

推销人员在处理顾客异议的态度上应该做到以下几点：

1. 情绪轻松，不可紧张。
2. 认真倾听，真诚欢迎。
3. 重述问题，证明了解。
4. 审慎回答，保持友善。
5. 尊重客户，灵活应对。
6. 准备撤退，保留后路。

二、顾客异议处理的一般程序

一般来说，在处理顾客异议时，应遵循以下程序：

1. 倾听顾客异议

在顾客提出异议时，推销人员应当认真听取顾客的异议，表现出对顾客的尊重。通过倾听收集顾客异议，以便对症下药。

2. 辨析顾客异议的真假

通过察言观色，分析顾客产生异议的真正原因。有时候，顾客嘴里说的并不是他们心里真正想的，有时会各种原因交织在一起，从而增大分析异议的难度。推销人员在摸不清顾客意图时，可以引导顾客讲话以摸清顾客的真实想法。

3. 解答顾客异议

通过对顾客异议的辨析，确定出真实的顾客异议，然后采用恰当的技巧解答和澄清顾客的异议，尽可能地满足顾客的需求，消除异议。

4. 努力完成推销

在推销人员圆满地处理顾客异议后，就有可能达成交易，但如果顾客对推销人员的解答仍有疑惑，此时要趁热打铁，继续沟通，直至顾客满意，推销才能成功。

三、处理顾客异议的原则

无论什么原因导致客户产生的异议，都是客户对营销服务的进一步需求的外在表现。在处理顾客异议时，要遵循以顾客为中心的营销观念，并遵循以下原则：

1. 认真聆听的原则

推销人员在与顾客接触时，面对顾客的质疑，据理力争或者保持沉默都是不可取的，都无益于问题的解决，倾听是解决的有效途径。推销人员要通过聆听来进一步了解客户的真实想法、了解问题的关键点，从而为我们处理异议提供更多的机会，得出更加正确的结果。顾客也会因为我们的尊重而感到心情舒畅，放松原有的观点。

2. 详细记录的原则

俗话说："好记性不如烂笔头"，要凭借记忆记住顾客的异议极易产生错误和偏差。面对顾客的异议，推销人员要在"听"的基础上，有目的地做好异议记录，把握顾客异议的关键点和期望解决值，这样，推销人员在解答客户的异议的时候，才会有所选择，有所侧重。

3. 给予理解的原则

追求服务的零缺陷是每一个推销人员所努力追求的。但是，由于顾客的文化背景、生活习惯、支付能力，对所推销的产品和服务有看法，产生异议是人之常情。面对顾客的异议，推销人员要给予理解，换位思考。如果推销人员改变了看待问题的角度，会很自然地将理解融入到处理异议的全过程，更利于异议的解决。

4. 区别对待的原则

对于顾客提出的异议，推销人员要把顾客的异议与顾客本身区别对待，也就是日常工作中所大力倡导的"对事不对人"的原则和方法。对于顾客的异议，推销人员要充分体谅顾客提出异议时的心情，注意保护顾客的自尊心，避免对顾客人身、心灵的伤害。只有这样，异议的处理才会顺畅。

5. 及时回复的原则

对于顾客提出的异议，一定要坚持"尽快答复"的原则。这样做的好处就是：一方面能使顾客真真切切地感受到被尊重，另一方面表明了推销人员对于解决问题的诚心和诚意,第三方面是可以进一步防止顾客的负面宣传可能造成的恶劣影响。对于可以在现场解决的问题,推销人员务必要当即回复;不能解决的,要给顾客以准确回复时间,换取顾客对我们的信任,为以后工作的顺利开展扫清障碍。

6. 培养百折不挠的精神

销售大师克来门史东曾说:“一个人要成为销售高手,不是靠学历、声望和地位,而是靠自信、耐力和雄辩。”百折不挠的精神是跳越销售障碍的关键,也是基础所在。在遭到顾客一次甚至多次拒绝后,推销人员绝不要气馁,而是反思总结,不断调整自己的推销方法,等待下一次成功。

7. 正视顾客异议的原则

这是处理顾客异议的哲学原则,顾客异议在销售过程中是客观存在的,如何去正确地理解和认识它,便成为销售人员处理顾客异议的基础。其实顾客异议是一项免费的需求意向说明书,由于这种异议提出的针对性和指向性,比用其他方法收集顾客的反馈意见更有效。推销人员应该随时注意预测、分析顾客异议。顾客异议的出现非常复杂且毫无规律可循,既有真实异议又有拒绝购买的借口异议。为做到“知己知彼,百战不殆”,推销人员必须进行认真分析,去伪存真,有针对性地开展异议处理工作。

8. 永不争辩的原则

推销人员与顾客保持融洽的关系是销售成功的必要条件,若销售人员与顾客发生争执破坏顾客的购买情感,则会导致推销失败。不管在什么情况下,推销人员都不应与顾客发生争辩,更不能争吵。事实证明,由于挫伤了顾客的自尊心往往导致顾客购买行为的中止。面对顾客异议,推销人员应保持镇定自若,冷静地去处理。在异议处理过程中注意要为顾客留有余地,既有的放矢,又要注意语言的灵活性,从而有效地促成交易。

案例分析

一位洗衣机推销人员,为了消除购买者的疑虑,使对方从不同的产品比较中增加对自己的推销产品的信心,说:“您提到某某牌洗衣机,请您向购买了该牌子洗衣机的用户了解一下,也许您就明白是怎么一回事了。”这位推销人员并没有直接去批评竞争对手,又不与准客户争论,而是让准客户自己去联想,自己作出购买决定。

9. 维护顾客自尊的原则

在听取顾客异议时,要频频点头,表示理解,即使异议被证实是一种不符合实际的偏见,也要注意给顾客留面子,保持友好的气氛。在回答顾客异议时,要虚心接受,再阐述自己的观点,说服顾客的最好办法是让顾客在不知不觉中接受,甚至让其觉得这是他自己的主意。

四、处理顾客异议的策略

1. 处理顾客价格异议的策略

价格问题直接涉及买卖双方的直接利益,是影响推销的重要因素,处理这方面异议时可以有如下策略：

（1）以防为主，先发制人。根据事先掌握的顾客资料，对顾客可能提出的价格异议作出正确的判断，不等顾客讲出来，就先把顾客要提出的异议给予化解。这就是主要在给顾客介绍产品的时候告诉顾客。以化妆品为例来说明，顾客对产品的价格异议推销人员转化成每天不到1块钱来说服顾客。

（2）先谈价值，后谈价格。为防顾客提出价格异议，推销时应先向顾客强调产品的价值，即该产品能给顾客带来哪些实惠和利益，使顾客认识了产品价值后，再谈及价格。顾客对产品的购买欲望越强，对价格的考虑就越少。一般情况下，推销人员不要主动提及价格，也不要急于回答顾客较早前提到的价格问题，更不要单纯地与顾客讨论价格问题，在报价后也不附加评议或征询顾客对价格的意见，以免顾客把注意力过多地集中到价格上。

（3）多介绍产品优点。一般来说，产品的价格必定与产品的优势相关，优势产品其价格必高，劣势产品其价格必低，但顾客可能并不清楚产品的优势，这就需要推销人员运用说服技巧，透彻的分析，讲解产品的优势，向顾客说明其购买产品所得到的利益远远大于支付的价格。

（4）比较优势。上述介绍产品优点的方法，强调的是产品自身的优点，而比较优势就是把自己产品的长处与同类产品的短处相比，使其优势突出，使顾客更看重产品的优势而非价格。转移顾客的注意力，忽视价格因素，更注重产品所具有的与众不同的效能。

（5）充分自信，尽量不让步。推销人员一定要充分相信自己的产品，相信自己的企业，在价格问题上采取较为强硬的态度，除非稍降价能获得较大数量的订单，一般不要轻易让步，这是让顾客相信该产品品质的有效方法。

案例分析

某知名化妆品在专柜搞活动时，女顾客说："想买两套化妆品套装，但希望价格可以优惠点。"推销人员回答："我们的产品价格全国都是统一的。我们知道，你是老顾客，相信我们的产品，但是价格已经比平常优惠了。要不我们在这些你应该获得的赠品外再赠送你两瓶体验装，也就相当于给你优惠了，好吗？这是我们公司统一的价格，我们也没这个权力给你更大的优惠了。"女顾客最后拿了两套产品，满意地离开了。销售人员是没有权力给顾客更大优惠的，这样也是为了方便管理。但是赠送体验装相当于顾客以低于平常的价格买到了更多的产品，因此对于新老顾客来说还是有吸引力的。

2. 处理货源异议的策略

顾客提出的货源异议大都与推销人员所在的交货能力、售后服务、信用状况和生产规模等问题有关，消除货源异议可有如下策略：

（1）锲而不舍，以礼相待。提出货源异议的顾客多数有不良的购买经验，若再次提及，不免牢骚满腹，推销人员也不可避免地成为顾客的抱怨对象，推销人员一方面要心平气和，尽量缓和顾客的情绪，耐心地说服顾客，另一方面，推销人员要对有偏见的顾客尽量以礼相待，尽可能答应顾客的要求，保证改正一切不顺顾客心意的行为和事实。

(2)提供例证。在解决货源异议时,推销人员为了说明其推销的产品是质量可靠,渠道合法的产品,可以向顾客提供一些第三方的客观证据来消除顾客疑虑,例如:厂家的代理授权证书、企业营业执照、产品生产销售许可证、质量管理体系认证证书、产品质量鉴定报告、获奖证书以及知名企业、知名人士的订货合同或者使用记录等资料。由于这些证据顾客可以通过其他渠道进行求证,有利于顾客消除顾虑,促进购买。

3. 处理购买时间异议的策略

顾客提出时间异议,并不意味着顾客拒绝购买,他可能表明顾客已经接受推销建议,仅仅是因为种种原因拖延一段时间,推销人员只要恰当运用一下技巧就可以顺利促成交易:

(1)货币时间价值法。推销人员应向顾客讲清立刻购买与拖延购买之间的利弊关系,要有货币的时间价值观念,还要向顾客讲清购买产品费时费心费力,要讲究效率,购买必需早作决定,这样才省时省力。

案例分析

一位营业员在向顾客推销电视机时这样说道:"这台电视机售价仅 1 000 元,寿命却长达 1 万小时,这样,你每小时看电视只需要 1 角钱,而现在看电影每小时平均需要 5 元钱左右,且不说电视机使用起来有非常方便等好处。"

(2)良机激励法。推销人员可以利用特定稀有的机会来激励顾客,以"特价优惠"和其他优惠条件等来激励顾客尽早购买。比如"我们产品的活动时间一般是 2 天,展台上的价格和优惠是平时不可能的。"

(3)竞争诱导法。这是指推销人员向顾客指出他的同行竞争对手已经购买了同类产品,而且顾客已经知道竞争对手确实通过购买该产品获得的利益,如不尽快购买推销产品,将会在竞争中处于劣势,以此诱导顾客注意竞争态势,从而作出购买的决定。例如,推销人员推销 POS 机刷卡消费,可以告诉顾客他隔壁的竞争者使用 POS 机后生意更加兴隆,使其有危机感,推销就成功了一半。

4. 处理需求异议的策略

(1)顾客真没有需求时选择离开。如果顾客确实没有需求,推销人员就应该适时停止介绍、宣传,把重点放在离开时的口才上。因为当顾客不需要时你还滔滔不绝也没有什么意思,还容易引起对方反感,还不如给顾客留下一个好印象,为下一次拜访埋下伏笔。但要记住,选择离开时要做到开朗自信,保持原来那副和蔼可亲的笑容。告别时,应保持礼貌,走时可以说一句:"实在很抱歉,在您百忙之中打搅您这么长时间。下次拜访时还请您多费心。"或"即使不买,我们仍然祝您好运。"最主要的是,学会创造顾客的需求。

(2)让顾客对产品产生兴趣(图 7-2)。推销人员在推销产品时常常会遇到一些不了解产品的顾客,多数顾客不会随便使用那些他们一点也不熟悉的产品。这种情况下,销售人员应设法让不了解产品的客户对产品产生兴趣,可以运用推销洽谈的各种技巧,通过介绍、演示、提示等方法突出产品的优点,刺激客户的购买兴趣与购买欲望。值得强调的是,销售人员要仔细、耐心地向客户说明所推销产品的特点，使客户由“不需要”转变为“有兴趣”。

图 7 – 2 价格优惠是兴趣

(3)说服有不愉快消费经历的客户。有的顾客曾经用过与推销品同类的产品，但是认为那种产品不太好，就以“不需要”为借口拒绝购买推销品。对此，推销人员首先要对顾客的不愉快经历表示同情，鼓励说出不满意的根源，并告诉顾客使用这种新型产品是完全可以避免不愉快的。但是，说服有不愉快消费经历的顾客时，销售人员必须注意推销技巧，最好是将推销品与同类产品进行比较，而不是把矛头直接指向顾客使用的产品。通过比较，使顾客自然而然地了解他目前使用的产品不能令其满意的原因，了解它们与推销品的差别之处以及推销品能给客户带来的好处，从而引起客户的购买兴趣，产生购买冲动。

(4)投其所好应对顾客需求异议。不同的顾客有不同的爱好，一个成功的推销人员就是要善于把握其目标消费群体的喜好，有针对性地进行产品构思和设计，这样所推销的产品才能适销对路，取得较好的效果。

5. 处理顾客支付能力的异议(表 7 – 3)

表 7 – 3　　处理顾客支付能力的异议

序号	处理方法	具体措施
1	降低客户的需求欲望	帮助顾客树立正确的消费观念，抛弃那些不切实际的消费观
2	让顾客分期付款	只要顾客有稳定的收入保证，推销人员可以让顾客分期付款以解决其财力异议
3	向顾客提出合理建议	销售人员可以通过建议顾客减少购买量或分期分批购买产品的办法来解决支付能力不足的问题
4	提供货款担保	推销人员若确定顾客是有前途的，就要设法帮其解决一时的资金困难，为其提供货款担保
5	让顾客延期付款	若顾客购买产品所需资金不足，但在短期内也能筹措到所需资金，销售人员可以让顾客延期付款
6	让顾客试购、试用	推销人员可以请顾客先购买少量产品试用，为今后的最佳采购计划做好准备

思考练习

1. 处理顾客异议有哪几个步骤?
2. 处理顾客价格异议的策略有哪几种?
3. 处理顾客货源异议的策略有哪几种?

学习任务3 处理顾客异议的方法

任务概述

推销人员不仅要掌握处理顾客异议的原则与策略,更要掌握并熟练运用处理顾客异议的方法。

任务目标

- 掌握并熟练运用处理顾客异议的方法。

学习内容

顾客的异议种类多种多样,处理的方法也千差万别,推销人员必须因时、因地、因人、因事灵活运用各种方法有针对性的处理异议。最常用的方法有以下几种:

一、转折处理法

这种处理方法又叫间接处理方法,是推销人员根据有关事实和理由来间接否定顾客异议的方法。应用这种处理方法首先要认可顾客的看法有一定的道理,也就是向顾客作出一定的让步后才讲出自己的看法。一般会用转折性的词语"但是""然而"来表达出推销人员不同的声音,比较适用于因客户的偏见、信息不对称而产生的异议,尤其适用于自尊心强、武断的顾客。

1. 转折处理法的优点

(1)推销人员采取委婉否定的方式会留给客户一定的心理缓冲,避免因直接反驳使顾客产生抵触情绪。

(2)推销人员不是直接反驳顾客,而是间接否定,使顾客有被尊重的感觉,有利于保持良好的人际关系。

(3)在复述顾客异议的时候,推销人员有时间根据顾客的反映分析异议的性质和原因,从而有利于选择恰当的方法有针对性地展开推销。

2. 转折处理法的缺点

(1)推销人员的退让，会让顾客误以为是对异议的肯定，从而对异议更加坚持，使得推销工作陷入困境。

(2)如果推销人员婉转的回答理由不充分，会使顾客产生强词夺理的意识，认为推销人员传递的信息是不可信的，对购买失去信心。

3. 转折处理法应注意的问题

(1)在使用这种方法的过程中，转折性的词语尽量少用，而是在交谈的话语中包含着转折的意思，为自己留有余地，避免生硬的转折导致推销的失败。比如说，有顾客对衣服的颜色有异议，不妨这样回答"姑娘，您的记忆力真好，这种颜色在前几年已经流行过了。不过，我想您知道，今年最流行的趋势就是复古了，如今这颜色是最时尚的代表了"，这样就可以巧妙地化解顾客的异议了。

(2)在表示对顾客异议理解、赞同的时候，一定要通过语言、表情表达出来，让顾客看得到，然后以向顾客请教的低姿态，婉转地表达自己的看法。

二、转化处理法

转化处理法又叫利用处理法。顾客的异议具有双重属性，推销人员利用积极的因素转化成自己观点的一部分来消除顾客异议，说服其接受推销。顾客异议的提出是成交的障碍，但同时也是发出成交的信号，利用转化处理法就是"以其之矛攻其之盾"，将计就计。比如一位业务员向一位中年女士推销一种高级护肤霜。顾客异议："我这个年纪买这么高级的化妆品干什么，我只想保护皮肤，可不像小青年那样要漂亮。"业务员回答："这种护肤霜的作用就是保护皮肤，年轻人皮肤嫩，新陈代谢旺盛，用一些一般性护肤品就可以了，人上了年纪皮肤就不如年轻人，正需要高级一点的护肤霜。" 转化处理法运用得当，收到了良好的效果。

1. 转化处理法的优点

(1)表现出不回避问题的态度，拉近了与顾客之间的感情，可以保持良好的人际关系和洽谈氛围，使顾客有耐心听取推销人员进一步的解释说明。

(2)被肯定的顾客异议向有利于推销的方面转化，将推销障碍变为动力。

2. 转化处理法注意的问题

(1)让顾客异议转化一定要真诚自然，转化角度始终，转得合情合理，不要给顾客留下钻空子、强词夺理的印象，让顾客产生信任危机。

(2)对于顾客异议的肯定是部分的肯定与赞同，而不是全部的，不要给顾客造成错觉，又提出新的异议。

(3)向顾客提出正确的信息，不能为了推销产品，不负责任地向顾客传递虚假信息，误导和蒙骗顾客。

三、以优补劣法

又叫补偿处理法、平衡处理法。在推销的过程中，如果顾客的异议确实直接切中产品或服务的缺陷，不是直接的回避或否定，而是坦率地接受顾客的异议，承认顾客提出的问题确实存在，然后淡化处理，用产品的优势来补偿甚至是抵消缺陷，这就是以优补劣法。这种方法有利于使顾客达到心理平衡，进而作出购买的决策。

1. 以优补劣法的优点

(1)推销人员肯定了顾客异议，尊重了客观事实，坦诚面对异议的态度，能获得顾客情感上的认可，有利于推销的继续进行。

(2)给推销人员留有余地，可以充分地说理和实例证明，使顾客对产品有一个全面、客观的认识，使顾客在理智上接受补偿建议和产品，有利于促进成交。

2. 以优补劣法注意的问题

(1)对于顾客的异议是全部的肯定，不是部分的。实事求是，提示推销建议和推销重点。

(2)在推销过程中，认真辨析顾客异议的真伪，了解顾客的购买动机，及时提出补偿处理，使顾客意识到的补偿利益远远大于产品的问题。

(3)不要随意使用补偿处理，对于虚假的顾客异议在使用补偿处理后，尝到甜头，提出更多的异议，从而产生更多的问题。

四、反驳处理法

又叫直接否定法，是指推销人员根据事实直接否定顾客异议的方法。在推销活动中，一般都会强调保持良好的推销洽谈气氛，直接反驳容易使气氛变得尴尬，使顾客产生敌对心理，不利于顾客接纳推销人员的意见。但是，当顾客对产品产生误解、成见或者异议明显不成立时，推销人员应给与直接明确的否定回答，并给出有力的证据以增强说服力。

表 7－4　　反驳处理法的优劣比较

优点	缺点
节省时间，提高效率	推销人员对异议的否定，没有给顾客缓冲、辩解的时间，在心理上无法接受，导致推销过程过早结束
充分的论证会使顾客相信产品的品质，坚定购买的信心	推销人员的言语表达不当，可能会使顾客产生抵触情绪，甚至激怒顾客，对产品的异议上升到对推销员、对企业的异议，增加了处理顾客异议的难度

反驳处理法注意的问题

(1)保持友好的态度。在反驳的同时照顾好顾客的情感，只对异议不对人，营造良好的推销氛围，建立良好的人际关系，促进推销的达成。

(2)针对顾客异议的否定要有充分的理论依据，站在顾客的立场摆事实，讲道理，态度要诚恳，平易近人，使顾客心服口服。

案例分析

一位顾客就推销人员所介绍的矿泉水提出异议:“听说你们的矿泉水都是灌的自来水。”这一问题显然不是事实。推销人员顿时十分生气,立即进行反驳,要求顾客拿出证据来,否则就是凭空捏造。顾客也不甘示弱,双方为此而发生了激烈的争吵,最终推销人员还是占了上风,顾客因为没有依据而不再争辩。推销人员认为,虽然这笔生意没有做成,但通过反击维护了企业和产品的信誉,还是非常值得的。

但是销售员的这种做法伤害了顾客的自尊,导致了生意的失败。实际上,在有力有节的反驳顾客的同时,可以在水中加一点硝酸,如果有沉淀,就证明是自来水,若没有变化,就是纯净水。反驳要有理有据,更要注意分寸,不要和顾客争论,导致交易的失败。

五、询问处理法

又叫反问处理法、追问处理法,是指推销人员通过对顾客异议的疑问来化解异议的方法。在推销人员不了解顾客异议真实内涵的情况下,或者寻找借口引导顾客自己回答自己的问题,甚至否定自己的观点,同意推销人员的观点,以促进交易的达成。

1. 询问处理法的优点

(1)推销人员带有请教口气的疑问会让客户感受到尊重,比较乐于配合。

(2)推销人员通过有针对性的引导,可以促使顾客认真思考异议的真正根源,帮助促销人员获得更多的信息。

(3)帮助推销人员获得思考的时间,采取切合实际的推销策略。

2. 询问处理法注意的问题

(1)推销人员询问时,要注意自己说话的语气、手势、与客户的距离,不要给顾客造成被迫回答问题的压迫感。

(2)对顾客异议的提问要及时。推销人员要看准时机,采用启发式、请教式、交流式的方法提出疑问,引导顾客说出异议产生的根源。

(3)询问的内容要只针对异议本身提出,不要询问与异议无关的其他问题,弄出更多的异议,阻碍交易的达成。

(4)不要刨根问底,要适可而止。对于顾客不愿意讲并且无关紧要不构成成交障碍的异议,不要做追问,以免引起顾客的反感。

六、沉默处理法

又叫冷处理法、拒绝处理法,是推销人员在辨析顾客异议对成交无影响而采取的不予理睬的办法。推销人员不要对顾客每个异议都加以反驳或用其他的方法来处理,这会让顾客觉得推销人员总是针对他,而使得交易无法达成。

1. 沉默处理法的优点

有助于推销人员节省时间提高工作效率,避免推销人员由于不必要的异议发生争论,可以使推销人员按照推销的计划与进度展开推销工作,把经历集中在推销的重点问题上,促成交易的达成。

2. 沉默处理法注意的问题

(1)辨析顾客意思。认真倾听顾客的异议,判断顾客异议是真实的还是虚假的,对于虚假的意思采取冷沉默处理法。

(2)采用冷沉默处理法要把握好度,对顾客的异议不理不睬,会使顾客产生反感,顾客的有些异议与购买关系重大,由于推销人员失误的判断,对顾客异议采取不理睬的态度,会失去销售的机会。因此,采用本方法一定要慎重。

思考练习

1. 常用的处理顾客异议的方法有哪几种?
2. 怎样运用沉默处理法处理顾客异议?

单元要点归纳

顾客异议,指顾客对推销品、推销人员及推销方式和交易条件发出的怀疑、抱怨,提出的否定或反面意见。顾客产生异议是推销过程中出现的正常现象,是买方为争取有利的交易条件所做的努力。

顾客异议的类型从异议的性质划分为:真实的异议,虚假的异议;从异议的内容划分为:需求异议,价格异议,产品异议,服务异议,权利异议,支付能力的异议,购买时间的异议,推销人员的异议。

顾客异议产生的原因:顾客方面、产品方面、推销人员方面、企业方面。

处理顾客异议的态度:情绪轻松,不可紧张。认真倾听,真诚欢迎。重述问题,证明了解。审慎回答,保持友善。尊重客户,灵活应对。准备撤退,保留后路。

处理顾客异议分为以下几个步骤:①倾听顾客异议;②辨析顾客异议的真假;③解答顾客异议;④努力完成推销。

处理顾客异议有以下几个原则:认真聆听的原则;详细记录的原则;给予理解的原则;区别对待的原则;及时回复的原则;培养百折不挠的精神;正视顾客异议的原则;永不争辩的原则;维护顾客自尊的原则。

处理顾客异议有以下几种策略:处理顾客价格异议的策略;处理货源异议的策略;处理购买时间异议的策略;处理需求异议的策略;处理顾客支付能力的异议。

最常用的处理顾客异议的方法有以下几种:转折处理法;转化处理法;以优补劣法;反驳处理法;询问处理法;沉默处理法。

案例分析

顾客:“这包食品怎么过期了?”

推销人员:“不好意思,您看到的这个日期是生产日期,这批产品是上个星期才出厂的,这里才是保质期。”

问题:

(1)客户提出的异议是什么?

(2)推销人员采用了哪种处理异议的方法?这种方法在采用时运用的条件和应注意的问题是什么?

模拟训练

1. 客户说:“我没时间!”
2. 客户说:“我现在没空!”
3. 客户说:“我没兴趣。”
4. 客户说:“请你把资料寄过来给我怎么样?”
5. 客户说:“抱歉,我没有钱!”
6. 客户说:“目前我们还无法确定业务发展会如何。”
7. 客户说:“我要先跟我太太商量一下!”
8. 客户说:“要作决定的话,我得先跟合伙人谈谈!”
9. 客户说:“我们会再跟你联络!”
10. 客户说:“我要先好好想想。”
11. 客户说:“我再考虑考虑,下星期给你电话!”

要求:

(1)把全班同学分成三组每组;

(2)划分四个不同的异议小组,分角色演示;

(3)找出最佳解决方式,并记录下来。

第八单元 推销成交

单元概述

在推销过程中,成交是一个特殊推销阶段,它是整个推销工作的最终目标。如何实现成交目标,取决于推销人员是否真正掌握并灵活运用了成交的基本策略和成交技巧。一个经验丰富的推销人员应该把握成交的时机,在适当的时候,以适当的方式结束推销过程。

本单元主要学习推销成交的原则、促进推销成交的方法与策略以及合同的订立。该内容的学习有助于帮助学生更好地运用成交促成方法,达成交易。

单元目标

- 理解推销成交的原则,学会运用一些方法识别成交信号。
- 理解推销成交的策略,掌握推销成交的方法。
- 掌握合同订立的原则。
- 理解合同订立的方式。
- 能够明白合同订立需要的条件。

学习任务1 概述

任务概述

推销成交是面谈的继续,也是整个推销工作的最终目标。成交是推销工作的根本目标,一个优秀的推销人员应该具有明确的推销目的,要千方百计地促成交易。在成交时,推销人员不仅要继续接近和说服顾客,而且要采取有效措施帮助顾客作出最后的选择,促成交易并完成一定的成交手续。本任务主要介绍了推销成交、推销达成的条件和原则。

任务目标

- 能够学会推销成交的含义。
- 理解推销成交的原则。
- 能够学会运用一些方法识别成交信号。

学习内容

一、推销成交的含义

推销成交,是指顾客接受推销人员的购买建议及推销演示,立即购买推销产品的行动过程。

可以从以下几个方面理解推销成交:

1. 推销成交是推销人员积极发挥主观能动性,实现最终目标的过程

推销人员是促成推销成交的主体,而顾客是推销成交的客体。顾客虽然是推销成交的客体,但不是被动地接受推销,特别是在买方条件下,他们已经成为市场的主宰,引导着推销人员的推销活动,因此,要想实现推销成交,主体必须善于发挥主观能动性,采取恰当的推销手段和方法进行劝说和演示,积极建议顾客购买。

2. 推销成交还是说服顾客,促使其采取购买行动的过程

这个过程就是我们前面介绍过的著名的爱达模式。

3. 推销成交又是推销人员和顾客之间进行反复信息沟通的过程

推销成交离不开信息沟通。一方面推销人员要接收顾客发出的信息,了解他们的购买心理;另一方面还要向顾客传递信息,通过多种渠道和方法,如广告、建议、劝说、演示等,让顾客了解自己的企业和所推销的产品。这一过程不可能一次完成,推销人员和顾客

要经过多次反复的信息交流和沟通,才能实现推销成交目的。例如保险交易过程就是最典型的推销行为,销售员要通过与客户的多次沟通与联系来了解客户的需求和购买力,才能为客户设计出最合理的保险方案,最终达成双方都满意的方案,从而签署协议。

二、推销成交的原则

任何事物都有其成立的原则,俗话说"无规矩不成方圆"。我们的交易达成也要遵循一定的原则。

同样地作为推销人员在进行推销成交时应遵循以下基本原则:

1. 互利互惠原则

互利互惠原则中的"利"是指利益,"惠"指给予或得到好处,概括起来指交易双方彼此要为对方提供利益和好处。因此,在推销成交活动中,买卖双方是按"自愿让渡"的原则进行的,推销人员不能强迫顾客购买,而推销一旦成交,彼此要为对方提供利益和好处。

推销成交最忌讳的就是交易只对一方有利,而另一方没有利益或得不偿失,甚至受到伤害(时间损失、体力损失、精力损失、财力损失等)。例如,在卖方的暴力威逼或花言巧语欺骗下,顾客买下了伪劣产品,这种推销成交就不是互利互惠和平等的行为。又如,欺行霸市、强买强卖、缺斤短两、以次充好、以假乱真等,都不符合互利互惠原则。

互利互惠是买卖双方达成交易的基础,因为商品交易是买卖双方自主自愿的行为,如果一方感到交易对他不利,就难以成交。这也是交易行为与慈善行为、馈赠行为的本质区别。

贯彻互利互惠的原则应该做到以下几点:

(1)对企业没有利益的买卖不能做,对顾客没有利益的买卖更不能做。

(2)要明确交易给双方带来的利益。

(3)充分展示商品或服务能给顾客带来的利益,是说服顾客成交的主要途径。

(4)找出成交双方利益分配的最佳点。

2. 转变顾客使用价值观念的原则

(1)转变顾客的使用价值观念。使用价值是指商品的有用性,观念是指人的思想意识或认识。转变顾客使用价值观念,就是转变顾客对商品有用性的认识,向他们推销正确的消费理念。

前面讲到,推销人员推销的商品必须能给顾客带来利益和好处,顾客才可能购买。但能给顾客带来利益和好处的商品,他就一定购买吗?不一定。这是因为消费者是否购买某一商品,除了经济因素以外,还有对商品使用价值即商品有用性的认识问题。

案例分析

“味道好极了”是雀巢速溶咖啡的一句著名的广告词，在中国家喻户晓，妇孺皆知。速溶咖啡以物美价廉、省时省力而受到现代人的欢迎。但是速溶咖啡在刚上市时却遭到市场的冷遇，公司为查明被冷落的真正原因，调查了一些家庭主妇。原来这些家庭主妇不买速溶咖啡不是因为它口味不好，而是因为如果买了省时、省力、一冲即可的速溶咖啡后，怕自己的先生怪自己懒惰，是个不合格的家庭主妇。可见，是顾客对商品有用性的认识即顾客的观念出了问题，才导致了他们拒绝购买的行为。因此，转变顾客的观念，千方百计使顾客形成对商品使用价值的正确认识，才能说服他们购买商品。

推销专家海因茨·戈德曼曾告诫说：“你不要单纯推销具体的商品，更重要的是推销商品的使用价值观念。”

(2)推销商品的使用价值。在推销商品的使用价值时，应该做到以下几点：

广泛深入发掘商品的使用价值。任何一种商品的效用都是多方面的。例如，窗帘既能遮挡人的视线，又能装饰美化房间，还能象征主人的身份、地位等。作为推销人员，要尽量发掘商品的功能，把它展示在顾客的面前。推销人员发掘商品的功能和效用越多，说服顾客的机会就越多，帮助顾客形成正确使用价值观念的可能性就越大。

认真深入地了解顾客。推销人员要认真深入地了解顾客的需要，了解顾客的商品知识和消费心理，特别是他们的习惯心理等，然后进行有的放矢地说服工作。

找准商品的使用价值与顾客需要的最佳结合点。一种商品有多种属性和功能，不同的消费者选择其不同的功能或属性。例如，同样一件服装，有人看重它的款式，有人看重它的颜色，有人看重它的质地，有人看重它的价格等等。如果推销人员能把顾客最喜欢的商品属性展示在他们面前，就能帮助他们形成对购买有利的使用价值观念。因此，推销人员要学会找准商品的使用价值与不同顾客需要的最佳结合点，这对推销成交至关重要。

3. 与顾客建立良好人际关系的原则

买卖双方既是一种经济利益的交换关系，又是一种人际交往关系。推销人员要想把商品推销给顾客，从中盈利，必须首先与他们建立良好的人际关系。

所谓与顾客建立良好人际关系的原则是指推销人员在推销商品时，必须与顾客建立起和谐的人际关系，这种关系不仅是经济的、利益的，还是无私的和富于感情的；不能是假装的、虚伪的，而是真诚的、坦率的；不是短期的、权宜的，而是长期的、发展的；是互利互惠的、双方都感到满意的关系。世界成功的推销家，无一不是建立在良好人际关系基础上的。

4. 尊重顾客的原则

尊重顾客是指尊重顾客的人格，重视他们的利益，满足他们的需要，使顾客认为他在推销人员的心目中有分量、有地位。那么应该怎样尊重顾客呢？

首先要尊重顾客的人格。人格是一个人在其先天生理素质的基础上，在一定社会历史条件下，通过社会交往而逐渐形成的稳定的心理特点的总和。由于人的先天生理素质、所处的社会地位、所从事的社会实践活动等不同，因此人的个性及人格特点也各不相同。每位顾客都有自己的人格特征和个性特点。推销人员在推销商品时一定要注意这一点，并根据顾客个性推销商品，如果忽视了他们的个性特点，他就会感到推销人员没有尊重他的人格。

其次要尊重顾客的身份地位。一个推销人员如果在一个公司的传达室问一位经理："您是这里的门卫吗?"这位经理一定感到很不愉快，他认为你低估了他的身份地位。所以推销人员首先要搞清楚推销对象的身份地位后再进行推销活动。

最后要尊重顾客的权利。顾客有了解、认识、挑选、作出购买决策的权利，也有不作出购买决策的权利。如果顾客在反复询问、挑选商品时，推销人员表现出不耐烦甚至拒绝，他会认为你侵犯了他的权力。

关于如何把握尊重顾客的原则，推销人员可以从以下几个方面做起：

(1)进行换位思考。所谓换位思考，就是从顾客的立场、角度来认识和思考问题，只有这样才能真正做到理解顾客和尊重顾客。

(2)不要左右顾客。推销人员在推销的过程中可以向顾客介绍商品、提出建议等，但买与不买由顾客自己决定，这是对顾客权利的尊重。

(3)善于赞美顾客。赞美顾客是推销人员表达对顾客尊重的最有效方式。适时做必要的赞美和恰到好处的奉承，可以使顾客感到自身价值的升值，使他们被尊重的心理得到极大的满足。

案例分析

女作家威尔逊有一个精通雕刻的男仆，他最崇拜雕刻家鲍格伦。有一天，鲍格伦到威尔逊家做客，男仆因为兴奋过度，在端酒时竟把整杯酒泼到鲍格伦身上。男仆窘态毕露，一面赶紧用餐巾替鲍格伦擦拭，一面解释说："真抱歉，我服侍平凡一点的人总是好好的。"鲍格伦笑着对男仆说："我这一辈子，还没受到过这样的崇拜。"男仆真诚的赞美，不但使鲍格伦高兴万分，而且也给自己解了围。

(4)注意顾客关心的事情。顾客关心的事情往往与其利益和情感紧密地联系在一起。如果推销人员对顾客关心的事情不能及时予以注意，会使顾客感到你缺乏同情心，不尊重他的感情。

三、推销成交的信号

成交是推销工作的根本目标，一个优秀的推销人员应该具有明确的推销目的，要千方百计地促成交易。要想有效地促成交易，必须密切地注意成交信号。然而，有时顾客发出的成交信号是稍纵即逝的，需要推销人员及时捕捉。当成交机会还没有到来的时候，需要推销人员耐心地等待机会，随时捕捉机会；当成交机会已经出现的时候，则要及时抓住机会，善于利用机会。成交机会一般出现在顾客发出购买信号的时候。有经验的推销人员特别善于捕捉顾客透露出来的每一个有关的信息，并把它作为促成交易的线索，勇敢地向顾客提出销售建议，使自己的推销活动趋向成功。而这些购买信号对促成推销人员与顾客之间的交易发挥了重大的作用，作为推销人员对成交信号应具有高度的敏感性和捕捉能力。

1. 成交信号

所谓信号是指用来传递信息的动作、表情、言行等可以观察到的外部行为表现。成交信号则是指顾客在接受推销人员的推销劝说之后，有意无意地表现出来的各种成交意向。善于捕捉成交信息，是成功推销人员应该具备的重要能力之一。

2. 成交信号的识别

顾客发出成交信号的表现形式往往是复杂多样的，一般可以把它们分为表情信号、语言信号和行为信号。推销人员可以通过察言观色，根据顾客的面部表情、语言、动作、行为等的变化来判断和识别顾客的成交意向。

(1)表情信号识别法：是指通过观察顾客的面部表情来判断和识别顾客成交意向的方法。

人的内在心理活动，包括其深层的心理活动总是要通过其外部行为表现出来的，特别是通过其面部表情表现出来。哲学家狄德罗在其著名的《绘画论》中指出："一个人心灵的每一个活动都表现在他的脸上，刻画得很清晰，很明显……"同样，通过推销人员的有效劝说之后，顾客的成交意向也会在面部表情上反映出来，推销人员可以从顾客的表情上获得成交信号(表 8-1)。

表 8-1 表情信号识别

识别的表情	表现
目光	①如果一个人目不转睛地盯着看一个人，说明他对这个人感兴趣，或者对他已有几分爱意 ②通过推销人员有效的推销和劝说之后，顾客的目光集中到某一商品、产品的广告、产品说明书时，说明他对这个产品已发生兴趣，或者产生想购买的意向
笑容	通过推销人员彬彬有礼、实事求是的介绍后，顾客的脸上露出赞许的微笑，暗示顾客有购买的意向
凝视	当顾客听了推销人员的介绍后，目光凝视某一商品并默默地进行盘算时，暗示顾客已有心动意向
态度转变	顾客开始对推销人员及产品表情冷漠、态度冷漠、言辞生硬、拒绝接受，但是经过推销人员的产品介绍之后，顾客面部表情"由阴转晴"，面露微笑，态度也逐渐好转，这说明顾客已开始注意产品并对产品产生了一定的兴趣，暗示着顾客有成交的意向

(2)语言信号识别法：就是通过顾客的言谈话语来判断和识别顾客成交意向的方法。

顾客的言谈是判断和识别其成交信号的最直接的表现形式，如赞许的言辞、贬斥的言辞、提出要求、有意压价、询问购买有关问题等。顾客的话语则是判断识别他们成交信号的间接的表现形式,以此可以了解顾客的成交意向。古人云:“凡音之起,由人心生也。”说明顾客的言谈话语能反映其心理状态。推销人员应能从顾客有意无意流露出的赞叹、喜欢、夸奖、信任、请教、询问等多种多样的言谈话语中,捕捉到他们的成交信号。

①顾客的询问。有时顾客的成交信号是通过直接向推销人员的询问表达出来的。顾客通过询问交货时间(你们公司什么时候能交货)、付款条件(贵公司对付款有什么限制吗)、交货方式(贵公司是一次交货还是分期交货)、产品质量(对该产品的质量贵公司有什么保证措施)等具体事宜,说明他们有购买意向,这是一种明显的成交信号。

②顾客的措辞。有时顾客的购买信号表现得很微妙,他们可以通过某些措辞将购买信号传递给推销人员。例如说“这种产品确实非常漂亮!”“不错!我很喜欢这种样式。”“这种产品很适合我们的需要。”“我早就想拥有这样一件产品了!”“这样的车子骑起来很舒服!”“别人也曾建议我买这样一件产品。”“同事说这种款式非常适合我。”等等。顾客将对商品的兴趣、购买的信号隐藏在他们的措辞中,推销人员要训练自己的敏感能力,从言谈话语中找出他们的真实感受,促成与顾客的交易。

③顾客提出问题。顾客会提出产品价格问题,如顾客询问新旧产品比价问题;与竞争产品之间的价格差异问题;产品的成本价格问题;希望把价格定得更确切一点等等,这往往表明顾客已很现实地考虑到要进入购买阶段了。顾客也会对产品质量及产品加工问题提出具体要求,尽管他们有时会把这些问题当作异议提出来,这恰恰说明顾客对该产品已有了深入的了解、一定的考虑和更具体的要求,这表明了他们要求成交的意向。顾客还会提出售后服务问题,当顾客提出如何维修、能否上门服务以及退换条件、实行三包等问题时,说明顾客已经在考虑购买产品以后的问题了,这是一种明显的成交信号。

④顾客对产品提出异议。顾客对产品提出的异议包括以下几方面:

有多少人购买该种产品?有多少人退货?

产品材料是否经久耐用?如果达不到推销人员的承诺怎么办?

产品能保证质量吗?如若达不到承诺的质量标准怎样退赔?

以上这些问题都是以疑问、反问和异议的形式提出来的,但这又是顾客真正想购买时所发出的一些信号。

(3)行为信号识别法:就是通过观察顾客体态、行为表现来判断和识别顾客的成交意向的方法。

推销人员对顾客不但要听其言,还要观其行。顾客的购买意向还会通过体态、行为反映出来,顾客的不同行为是他们不同心理状态的反映。例如顾客不由自主地点头称是;身体自然前倾;用手触摸商品等,都是发出的购买行为信号。具体表现为:

①顾客听了推销人员的说明或介绍后频频点头,是同意的信号。

②顾客表现得很轻松,并能专心倾听推销人员的说明和介绍,是对你和你的产品有好感的信号。

③顾客专心研究样品和有关资料,脸上显露出高兴的神情,是一种明显的成交信号。

④顾客接受重复约见。顾客通常是不愿意重复接见一位无望成交的推销人员的,如果顾客乐于接受推销人员的重复约见或主动提出会面时间,就暗示顾客有成交意向。

⑤在面谈过程中，顾客主动向推销人员介绍该企业负责采购人员及其他有关人员，如果介绍的是企业高层决策者，表明他们已经作出初步的购买决定，一些具体事宜待有关人员进一步谈判，这是一种明显的成交信号。

⑥其他成交的行为信号：顾客认真地阅读推销资料；顾客比较各项交易条件；顾客有意杀价；顾客担心修理费用高或维修难；顾客开始拿出支票或信用卡准备签字。

总之，顾客的购买信号掩藏在顾客的面部表情、语言、动作、行为的背后，推销人员要学会细心观察和用心体验，善于及时准确地捕捉到以上成交信号，抓住合适的机会达成交易。

思考练习

1. 请简述推销成交的含义。
2. 请回答推销成交的原则。

学习任务2 推销成交策略与方法

任务概述

在发现成交信号后，要及时把握。这时我们应该怎么做，能够做什么？就是我们本任务所要学习的内容。

任务目标

- 理解推销成交的策略。
- 掌握推销成交的方法。

学习内容

成交策略是促成交易活动的基本战术，适用于各种商品或服务的买卖活动。成交策略不同于成交方法，成交的各种方法只适用于特定条件或物品的推销，不具有一般性。

一、推销成交策略

1. 善于识别购买信号，把握最佳成交时机

作为一个推销人员，什么时候作出成交提议是最好的呢？我们认为应该是在顾客购买心理活动过程的确信阶段提出较为适宜，当然在推销洽谈的任何时刻都有可能使顾客

信服所推销的商品或服务，甚至有些时候在接近或洽谈之初。但在大多数情形下，一般成交都是在洽谈之后。因而，准确地识别购买信号，有助于推销人员判断应该在什么时候成交及解决如何成交的问题。购买信号是指准顾客言行等所表现出来的打算购买的一切暗示或提示。购买信号暗示准顾客正处于购买心理活动的确信阶段，以下是常见的准顾客发出的购买信号：

（1）提出问题。例如，“价格是多少？”“我最早能够在什么时候得到商品？”“你们提供哪些售后服务？有没有退货政策”，等等，与此同时推销人员可以反问方式作为回应，这有助于探测准顾客的需求和想法。如果你的问题得到了积极的回答，就表明准顾客有极高的购买兴趣，你正在迈向成交。

（2）征求别人的意见。总经理打电话给某人说：“赶紧来我这里，有件事情想问问您。”丈夫转而向妻子说道：“你认为怎样？”

（3）神态轻松，态度友好。一旦准顾客决定了要购买产品，洽谈中的那种紧张感就被解除，先前焦虑的神态就变得轻松自然，因为新顾客已经充分地信任你，觉得你是他的朋友。

（4）拿起订货单。正如你所期望的那样，你的准顾客拿起订货单，这就是迈向成交的时刻了。

（5）仔细检查商品。当某个准顾客仔细检查推销品或表现出打算购买的意图时，这可能就是请求成交的间接提示。发现顾客的这些成交暗示后，推销人员可试探性地提出成交：“你认为……”如果你的问题得到了顾客的积极响应，就说明离成交不远了。

从上述种种购买信号可见，在推销洽谈中推销人员不能埋头只顾对商品的引荐介绍，对准顾客所表现出来的种种成交信号视而不见，这可能会葬送最佳的成交时机。实际上，准顾客的一言一行、一举一动都在告诉你：他或她正在想什么，就看你是否善于捕捉成交的“蛛丝马迹”了。

2. 预防第三者“搅局”

正在你与准顾客接近成交的节骨眼上，如果第三者突然冒出来，往往会给推销工作增加难度。要是这位不速之客不熟悉或者不欣赏你所推销的商品，准顾客又向其征求意见时，十有八九会使生意告吹。这是否意味着顾客并不需要推销人员所推销的商品呢？也许你会认为这正是推销人员采取强硬推销的必然结果，不管是否存在第三者的“鼓动”，只要顾客真正能够从推销品中受益，有助于顾客解决所面临的问题，顾客是不会轻易改变主意的。但事实上在顾客购买某些产品时，准顾客购买的“天平”本来就非常敏感，稍微有点“风吹草动”就可能使准顾客改变主意。因为人们天生就有拒绝接受新生事物的思想，排他性是一种惯性思维定势。有鉴于此，推销人员应尽量在没有别人干扰的情况下与准顾客成交，防止可能的第三者的“横加干涉”。为了防止顾客受到其他人的影响，你可以对准顾客说：“咱们找个清静的地方谈吧！”以防患于未然。

3. 培养正确的成交心理

成交是推销过程中的一个重要“门槛”，推销人员心理上的一些障碍，会直接影响到最终的成交。很多推销人员或多或少对成交有恐惧感，总是担心提出成交请求后遭到顾客的拒绝，或者认为顾客会主动地提出成交。从心理学角度来讲，这是一种心理恐惧症，总是觉得难为情，自己始终是有求于顾客，甚至认为用商品来交换顾客口袋里的钱是不道德的，持有这种心理的推销人员在与准顾客洽谈中，始终处于下风，自然是不敢提出成交的要求。事实上，人生本来就面临着种种拒绝，顾客对推销人员说“不”是很正常的，只要你所推销的商品真能为顾客解决所面临的问题，就不怕顾客不识货，更何况遭到顾客的拒绝你并没有丝毫的损失。因此，推销人员必须克服恐惧心理，加强心理训练与培养，敢于不断提出成交请求。即使在提出试探性成交后遭到否决，还可以重新推荐商品，争取再次成交，相信付出的推销努力一定会得到回报。

4. 做出最后的推销努力

在推销洽谈似乎是要以失败告终时，推销人员仍不要放弃推销努力，最后的成交机会始终是向你敞开着的，很多时候都能“峰回路转”“柳暗花明”。因为此时顾客紧张的压力已经得到充分的释放，心理上如释重负，心情变得愉悦，甚至对“可怜”的推销人员产生一点同情心。因而，推销人员在收拾样品准备离开时，应该抓住最后的成交机会，放慢整理样品的动作，有意无意间露出一些未曾向顾客介绍过的样品，以引起准顾客的注意和兴趣，以此开始一次新的努力，难说不会装着订单而去。

5. 关键时刻亮出“王牌”

当你有一定把握看到准顾客准备与你签订合同，但由于对推销品仍有疑虑，犹豫不决时，你应该亮出“王牌”，“重拳”出击，掌握主动权，彻底摧毁准顾客的心理防线，使之签订“城下之盟”。但王牌的使用是要讲究策略的，应该在推销的关键时刻亮出来，这要求推销人员要有保留地介绍成交条件，不要一口气把全部有价值的宣传要点都用完，“弹尽粮绝”之时也就是“坐以待毙”之日。譬如推销人员可以说：“我忘记告诉你了，为了表明我们与贵公司合作的诚意，第一笔生意的运费由我们来承担。”

二、制订成交策略的要点

成交策略是对成交方法的原则性规定，是销售员在促进成交的过程中必须遵守的活动准则。为了更有效地促使客户购买，销售员必须掌握成交的基本策略。其策略主要有以下几点：

1. 掌握洽谈的主动权

掌握主动权是为了制造成交机会、有效运用成交策略的必要条件之一。销售员如果掌握了洽谈的主动权，按照事先所制订的计划开展洽谈，就可以较容易地获得成交的机会，更有效地运用成交策略。

掌握洽谈的主动权，要求销售员首先在规划洽谈阶段做好充分的准备，制订一个完善的洽谈计划；其次，运用各种方法引导洽谈按既定的轨道前进；再次，不要把掌握主动权理解为操纵与控制客户。销售员应当鼓励客户表达自己的观点与要求，然后通过对客户的观点、要求作出恰当的反应来掌握主动权。

先提供信息，就是向客户介绍产品的特征和利益，或者向客户说明成交条件。后提出问题则是指就产品或成交条件，询问客户的看法。当客户的观点与销售员一致时，可以继续后面的介绍或说明,如果不一致,则要重新讨论,直至双方都能接受的价格。

2. 考虑客户的特点

与销售过程的其他环节一样,促进成交的方法也是因人而异,并与客户的需求状况、个人特征相适应。只有这样,成交的方法才能发挥最大效力。对于一些客户来说,直接请求其购买也许是最有效的方法;而对另外一些客户来说,直接请求成交则可能意味着销售员在施加压力。对于单位的专职采购人员,只需销售员简明扼要地说一下产品的特征,就能够确定是否应该购买;而对于没有多少产品知识的客户来说,只有在销售员详细说明产品的特征之后,才能决定是否购买。如果销售员不考虑特定客户的需求状况、个性特征,成交方法的使用就会有很大的盲目性,也就难以取得预期的效果,销售业绩也上不去。

3. 保留成交余地

保留成交余地,也就是要保留一定的退让余地。在中国,任何交易的达成都必须经历讨价还价,很少交易是按最初报价成交的,尤其是在买方市场的情况下,几乎所有的交易都是在卖方作出适当让步之后成交的。因此,销售员在成交之前如果把所有的优惠条件都给了客户,当客户要求再做些让步才同意成交时.就没有退让的余地了。所以,为了有效地促成交易,销售员一定要保留适当的退让余地。比如,一个电脑报价 3 850 元,当客户说要优惠的时候。不能直接告诉他最低的成交价格,而是在 3 850 元的基础上适当地降一点。还要补充一句:“这是最优惠的价格了,不能再降了。”

4. 诱导客户主动成交

诱导客户主动成交,即设法使客户主动采取购买行动,这是成交的一项基本策略。如果客户主动提出购买,说明销售员的销售工作十分奏效,也意味着客户对产品及交易条件非常满意,以致客户认为没有必要再讨价还价,因而成交非常顺利。所以,在销售过程中,销售员应尽可能诱导客户主动购买产品,这样可以减少成交的阻力。

销售员要努力使客户觉得成交是自己的意愿,而非强迫。通常,人都是喜欢按照自己的意愿行事。由于自我意识的作用,对于他人的意见总会下意识地产生“排斥”心理,尽管别人的意见是正确的,也不乐意接受,即使接受了,心里也会感到不畅快。因此,销售员在说服客户采取购买行动时,一定要让客户觉得这个决定是他自己的主意。这样,在成交的时候,客户的心情就会十分舒畅而又轻松,甚至为自己做了一笔合算的买卖而自豪。

三、推销成交的方法

1. 直接请求成交法

适用性:老顾客;顾客发出购买信号时;在处理完较大的推销障碍后。

优缺点:可以充分利用各种成交时机,直接提出成交要求,提高推销效率,节省推销时间。但易给顾客造成难堪,形成压力,破坏推销气氛。

注意事项:看准时机,不要过早提出成交而是在顾客有明显购买信号时才提出;推销人员应主动提出成交意向;推销人员在提出成交要求时应注意心理上不自卑,神态上不紧张,语速上不快不慢,动作不要有太大的变动;如发现顾客心理压力太大时,可适当采取减压措施。

案例分析

当您和客户僵持一段时间，就价格、付款及其他方面不能达成一致情况下，你或者可以选择将自己的底牌一下子抖给对方。“价格和档次是一样的，买设备和买菜不一样，你不可能花这么低的价格得到ISO认证的设备，你别让我为难，我们主管也来了，最多96折。若你实在不满意，咱们就交个朋友吧”。这是一种冒险的谈判方式，但这使交易能继续下去，因为压力是双方都有的。

2. 假定成交法

适用性：老顾客，中间商进货，决策能力层次低的顾客，主动表示要购买的顾客。

优缺点：减轻了因决策而给顾客带来的心理压力；可以避免因顾客的反复而拖长推销时间；可以把顾客的成交信号直接过渡到成交行动，把成交暗示转变为成交明示。但可能使推销人员失去回旋的余地，使推销人员有明显的强势态度，因而会破坏推销气氛。

注意事项：必须看准顾客类型，准确判断顾客的成交信号。尽量使用委婉和商量的口吻说出肯定的语言，尽量保持原来的气氛。

3. 有效选择成交法

优缺点：可以使顾客减轻心理压力，又使推销人员有回旋余地。无形中使顾客无法拒绝成交。但可能使顾客失去成交信心，甚至使推销失去成交机会；可能会延长成交过程；不利于推销人员的重点推销。

注意事项：要把顾客的选择限制在有限的有效范围内；应向顾客提出可行性方案；推销人员应该把选择权交给顾客，把主动权留给自己，事先做好准备，在提出选择方案时应能保持良好的成交范围；应帮助顾客进行选择，当好顾客购买决策的参谋与顾问。

4. 小点成交法

适用性：大宗的交易、涉及问题及人员较多的交易、无法立即就所有成交内容达成一致看法的交易等。

优缺点：可以减轻顾客心理压力；有利于推销人员主动作出成交尝试，使推销人员始终保持成交主动权；使推销人员合理利用与确认顾客成交信号的机会。但分散顾客注意力，造成大点成交困难；有时会引起顾客误会；拖长成交过程，浪费时间。

注意事项：推销人员事先做好准备，明确成交步骤，逐步进行；选择好成交的小点问题。

5. 优惠成交法

适用性：求利心切而又是在同行购买者中有影响的顾客；以大批量生产可降低成本的产品；同竞争对手争夺顾客的特别时期；一些季节性消费和季节性购买的产品等。

优缺点：有利于吸引大客户、扩大所推销产品的影响，可以较快结束推销并达成交易协定，可以在短时间内推销一些不容易推销的产品，加快推销资金回笼。但减少销售收入,降低企业经济效益,影响推销人员及所推销产品的市场定位及企业的整体形象,给顾客形成优惠心理定势,给以后的推销带来消极影响。

注意事项:应服从企业的整体营销策略及企业的其他促销活动,不要随意滥用优惠法。应确定优惠条件。

6. 分段成交法

优缺点:减轻了顾客心理压力,易于促使成交;有利于得到良好的洽谈气氛;洽谈过程中能不断进行总结。但如果掌握不好会变成漫长的无大成效的谈判,加大了推销洽谈的风险。

注意事项:各段落之间的衔接要紧凑,注意各段目标之间的内在联系,每个段落谈判后应及时承上启下,明确下一阶段要谈论的问题。

7. 试用成交法

优缺点:很容易促成交易;顾客充满对推销人员和产品的信任,购买决策绝不会有反悔的可能;有利于连锁销售。但降低了推销工作效率,且并不是所有的产品都可以适用成交法。

注意事项:应允许顾客在试用不满意时退还产品,而不必承担任何责任;指导顾客科学合理地使用产品。

8. 从众成交法

优缺点:可以取得较大的推销成绩。但可能导致顾客在盲从情况下实行购买从而引发不良后果,甚至发生成交混乱现象。

注意事项:应准确选好中心顾客;推销人员应讲究职业道德。

9. 异议成交法

优缺点:有利于推销人员抓住一切成交机会。但会给顾客造成过高的心理压力,可能会破坏以致葬送了推销。

注意事项:应注意分析顾客异议类型;注意推销气氛和推销人员态度;选准有影响的顾客及有利时机。

10. 最后机会成交法

优缺点:可以造成很有利的成交气氛,使顾客有了一种内向式的成交压力;可以限制成交内容及成交条件,使顾客在一定范围内较快成交;可以形成交叉推销感染力,有时会促成大笔交易。但可能使推销最后机会散失;可能会使推销的优势散失。

注意事项:必须针对顾客惧怕散失机会的心理,选择好成交促成机会;运用最后机会促成时,应与其他促销活动相配合,使之具有可信性;应适当提出成交的内容与条件限制,使顾客感到适当的成交心理压力与紧迫感;开展重点推销,注重推销观念,增加推销的说服力。

四、业务洽谈注意事项

1. 永远不要正面否定客户的观点。

2. 型号等都要帮客户来挑选,而不能让客户自己来挑选。

3. 绝对不要让两批未成交的客户混在一起。

4. 洽谈中要随时准备好笔纸、计算器，秘书要随时准备送上收据、合同。

5. 如果可能，坐在客户的右侧，以方便右手书写，左手指客户看图纸，面对销控台，有问题及时给现场专案以眼神，示求帮助。

6. 开始时和客户座位是“60°”，谈话中三次将椅子靠近客户，但不宜小于“20°”，以免影响视觉交流，中途离场，可将椅子拉开，然后再逐渐拉近，通过动作表示走近。

7. 客户一出门，就当会失去这个客户，因此，在他未出门以前一定要全力以赴。

8. 不能一开始就推销产品，要在5分钟内与客户拉近距离，套上交情。

9. 不失时机地赞美客户，越肉麻越好，客户是我们的衣食父母，我们有责任让他们高兴。

10. 业务洽谈过程中尽量避免离开客户，即使离开也要将时间缩到最短。

11. 腰杆要挺直，身体稍前倾，配合手势以加强语气，增强感染力。

思考练习

1. 推销成交策略有哪些？

2. 假设你是空调推销人员，你应如何推动交易达成？

学习任务3 合同的签订

任务概述

合同的订立又称缔约，是当事人为设立、变更、终止财产权利义务关系而进行协商、达成协议的过程。《合同法》第2条中规定：“合同是平等主体的自然人、法人、其他组织之间设立、变更、终止民事权利义务关系的协议。”既然合同为一种协议，就须由当事人各方的意思表示的一致即合。

任务目标

- 掌握合同订立的原则。
- 理解合同订立的方式。
- 能够明白合同订立需要的条件。

学习内容

当事人为达成协议，相互为意思表示进行协商到达成合意的过程也就是合同的订立过程。《合同法》第13条规定：“当事人订立合同，采取要约、承诺方式。”依此规定，合同的订立包括要约和承诺两个阶段，当事人为要约和承诺的意思表示均为合同订立的程序。

现行合同法在合同订立上的一个重大变化是将要约和承诺这两个重要步骤用法条规定为订立合同的基本方式。根据现行合同法的规定,要约是指一方当事人以缔结合同为目的,向对方当事人提出合同条件,希望对方当事人接受的意思表示。发出要约的一方称要约人,接受要约的一方称受要约人。承诺是指受要约人同意接受要约的全部条件而缔结合同的意思表示。现行合同法规定:“当事人订立合同,采取要约、承诺方式。”并用21个条款对此作了详细的规定。

一、合同订立基本原则

订立合同时,谈判双方都应遵循一定的原则,只有这样,合同的订立才有意义。

1. 公平的原则

(1)强调了签约双方在法律上的平等地位,在利益上的互相兼顾。不允许以上压下,以大欺小,以强凌弱,也不允许以小讹大、以穷吃富。

(2)强调了签约双方在订立合同时,必须充分协商,在意思表示真实的前提下,达成一致协议(凡是采取欺诈、胁迫手段把自己的意志强加给对方,订立违反对方真实意愿的合同,都属无效合同)。

(3)强调了签约双方权利义务的对等,坚持商品交换的基本原则。

由于合同不同于行政调拨,一般来说它应是有偿的。

2. 诚实信用的原则

讲诚实、守信用,是合同当事人在经济往来中应遵守的原则,也是市场经济条件下的准则。不诚实、不讲信用是经济交往中的大忌。

二、合同订立的方式

要约。要约是希望和他人订立合同的意思表示。

1. 要约应具备的条件

(1)内容具体确定。

(2)必须是特定人所为的意思表示。

(3)要约必须向相对人发出。

(4)表明经受要约人承诺,要约人即受该意思表示约束。

2. 要约邀请

要约邀请是希望他人向自己发出要约的意思表示。

3. 要约生效时间

要约到达受要约人时生效。采用数据电文形式订立合同,收件人指定特定系统接收数据电文的,该数据电文进入该特定系统的时间,视为到达时间;未指定特定系统的,该数据电文进入收件人的任何系统的首次时间,视为到达时间。

4. 要约的效力

5. 要约的撤回、撤销与失效

承诺。承诺是受要约人同意要约的意思表示。

(1)承诺应当具备的条件

①承诺必须由受要约人作出。

②承诺必须向要约人作出。

③承诺的内容必须与要约的内容一致。

④承诺必须在有效期限内作出。

(2)承诺的方式

承诺应当以通知的方式作出,通知的方式可以是口头的,也可以是书面的。

(3)承诺的期限

(4)承诺的生效

承诺通知到达要约人时生效。承诺可以撤回。撤回承诺的通知应当在承诺通知到达要约人之前或者与承诺通知同时到达要约人。

受要约人对要约的内容作出实质性变更的,为新要约。承诺对要约的内容作出非实质性变更的,除要约人及时表示反对或者要约表明承诺不得对要约的内容作出任何变更的以外,该承诺有效,合同的内容以承诺的内容为准。

三、合同订立需要的条件

1. 订约主体存在双方或多方当事人

所谓订约主体是指实际订立合同的人,他们既可以是未来的合同当事人,也可以是合同当事人的代理人,订约主体与合同主体是不同的,合同主体是合同关系的当事人,他们是实际享受合同权利并承担合同义务的人。

2. 双方当事人订立合同必须是“依法”进行的

所谓“依法”签订合同,是指订立合同要符合法律、行政法规的要求,由于合同约定的是当事人双方之间的权利和义务关系,而权利和义务是依照法律规定所享有和承担的,所以订立合同必须符合法律、行政法规的规定。如果当事人订立的合同违反法律、行政法规的要求,法律就不予承认和保护,这样,当事人达成协议的目的就不能实现,订立合同也就失去了意义。

3. 当事人必须就合同的主要条款协商一致

即合同必须是经过双方当事人协商一致的。所谓协商一致,就是指经过谈判、讨价还价后达成的相同的、没有分歧的看法。

4. 合同的成立应具备要约和承诺阶段

要约承诺是合同成立的基本规则,也是合同成立必须经过的两个阶段。如果合同没有经过承诺,而只是停留在要约阶段,则合同未成立。合同是从合同当事人之间的交涉开始,由合同要约和对此的承诺达成一致而成立。以上只是合同的一般成立条件。实际上由于合同的性质和内容不同,许多合同都具有其特有的成立条件。

拓展提高

销售(供货)合同范本

××太阳能科技有限公司供货合同

甲方:____________________(以下简称甲方)

乙方:____________________(以下简称乙方)

甲乙双方自愿本着诚信互惠原则,经双方友好协商,为明确双方权利、义务特订立本协议书,并约定条款如下:

一、甲方向乙方提供高效非晶硅薄膜太阳能组件,规格、数量、价格、金额如下:

货品名称	产品技术规格	数量(W)	价格(元)	金额(万元)
非晶硅薄膜太阳能组件	功率、尺寸等			
合同金额(大写):				
1. 价格含运输到甲方项目所在地的运费; 2. 价格不含系统安装调试费用; 3. 价格含 17% 增值税票。				

二、付款方式

乙方按以下时间向甲方支付订单金额

1. 供货合同经双方签字盖章后 3 个工作日内,乙方向甲方支付订单总金额的________%。

2. 货物验收合格后的 3 个工作日内,乙方向甲方支付订单总金额的________%。

3. 质保金货物验收合格________年后________日内,乙方向甲方支付订单总金额的________%质保金。

三、产品质量

1. 甲方所提供的产品应符合国家规定标准及法律、法令规定的标准;

2. 有关订货产品的质量标准、技术要求等,双方在甲方制造订货产品前或交货前,须对图纸、规格等进行确认。当技术、质量要求等有新变更时,由双方协商后进行确认。甲方须保证所提供的产品满足经双方确认的图纸及技术要求。

四、产品验收及售后服务保证

1. 交收检验由乙方根据经确认的质量标准在乙方厂区进行,但乙方认为有必要时可以安排在甲方进行,此时,甲方提供必要的配合;

2. 乙方对甲方的供货验收不合格时,应及时通知甲方,甲方应在接到通知后两个工作日内对品质异常进行调查、分析、处理,以书面的形式通知乙方。甲方接到乙方通报供货品质异常报告时,应能迅速应对,并满足甲方的筛选、更换等要求。

五、法律遵守

甲方保证其产品不得违反中华人民共和国法律规定，以及其他有关法规、规章制度和国家专业部门或主要管理机关所颁布的有关规定。

六、合同变更或终止

双方协商一致同意变更或者终止合同，应提前30天以书面形式通知对方。

七、合同附则

1. 本合同一经签订即发生法律效力；

2. 本合同一式两份，甲乙双方各执一份，两份合同具备相同的法律效应；

3. 本合同条款以打印文本为准，凡是对本合同及与本合同有关的附件所做的修改和添加，均须有双方代表在修改处和添加处加盖双方的印鉴后才产生法律效力；

4. 本合同如有未尽事宜，须双方另行协商并签署书面补充协议，补充协议与本合同具有同等法律效力。

八、争议或纠纷处理

在执行过程中若有争议，应先协商方式解决，如协商不成，双方同意在乙方所在地的仲裁机构仲裁或人民法院诉讼解决。

甲方：________________　　乙方：________________

地址：________________　　地址：________________

供应方代表（签名）：________________　　采购方代表（签名）：________

（盖章）　　（盖章）

签约日期：________________　　签约日期：________________

思考练习

1. 合同订立的原则有哪些？

2. 仿照案例中合同的样式，自己做一份合同。

单元要点归纳

推销成交的含义：推销成交，是指顾客接受推销人员的购买建议及推销演示，立即购买推销产品的行动过程。

推销成交是推销人员积极发挥主观能动性，实现最终目标的过程。推销成交还是说服顾客，促使其采取购买行动的过程。推销成交又是推销人员和顾客之间进行反复信息沟通的过程。

推销成交的原则：互利互惠的原则，转变顾客使用价值观念的原则，与顾客建立良好人际关系的原则，尊重顾客的原则。

推销成交信号识别：表情信号识别法，语言信号识别法，行为信号识别法。

推销成交策略：善于识别购买信号，把握最佳成交时机；预防第三者“搅局”；培养正确的成交心理；做出最后的推销努力；关键时刻亮出“王牌”。

推销成交方法：直接请求成交法，假定成交法，有效选择成交法，小点成交法，优惠成交法，分段成交法，试用成交法，从众成交法，异议成交法，最后机会成交法。

合同订立原则：公平的原则，诚实信用的原则。

合同订立方式：要约，承诺。

案例分析

某天，一对夫妇来到了某品牌汽车的4S店，在与销售人员寒暄后，双方进入了销售环节：

销售人员：（将这对夫妇带到车库，用手指着停在车库内的各款轿车向客户介绍）这是59 800元的标准型，这是69 800元的舒适型和实用型。

客户：59 800元和69 800元这两款车有什么不同？

销售人员：59 800元这款车没有方向助力、ABS、电动后视镜等。

客户：装一个方向助力要花多少钱？

销售人员：××××元

客户：如果我定下来款怎么付？

销售人员：可以分期付款，也可以银行按揭。

客户：按揭1个月要付多少？

销售人员：如果按揭的话，先付40%，余下的分3年付清，每个月只要付×××元。如果你们的经济情况可以一次付款的话，买69 800元的合算。如果采用分期付款的贷款方式，就没有必要买69 800元，而应该买59 800元的。

问题：作为销售人员在面对顾客时，你应该怎么做？

模拟训练

请同学们分小组进行角色扮演，其中一组作为顾客，要去买电冰箱；另一组作为销售人员，极力促使此次交易的达成。

第九单元　售后服务和信息反馈

单元概述

企业和推销人员向顾客提供售后服务的目的是解决顾客由于使用企业产品而带来的一系列问题和麻烦，要保证顾客方便地使用产品、放心地使用产品，降低使用产品的成本或风险、增加使用产品的效益，使顾客成为回头客，提高顾客对企业的忠诚度。

本单元的学习可以使学生根据信息反馈，及时进行售后服务，掌握使用的售后服务技巧。

单元目标

- 解购后冲突的含义。
- 能够解决购后冲突的方法。
- 理解售后服务的含义和意义，正确处理售后服务。
- 了解信息反馈的意义和原则，掌握信息反馈的内容。
- 能够独立进行信息的反馈工作。

学习任务1 购后冲突的解决

任务概述

消费者获得产品之后，有时会产生不放心、不踏实的感觉，即产生所谓的购后不和谐或购后冲突。在很多情况下，购买不一定伴随购后冲突，但对于那些重要的购买决定、购后冲突很常见。作为销售人员，正确地认识购后冲突，解决购后冲突是非常重要的工作。

任务目标

- 理解购后冲突的含义。
- 能够有解决购后冲突的方法。

学习内容

一、购后冲突的含义

每个消费者可能都有这样的体验，在作出某个重要的购买决定后，还会特别在意别人如何看待自己的决定，关心该决定是否明智。这种因某个购买而引起的心理焦虑、怀疑和不安被称为购后不和谐或购买后冲突。

从心理学角度看，购后冲突是由于认知失调所引起。所谓认知失调，就是两个认知之间出现逻辑上的不一致，如明知过度沉溺网络会影响学业，但仍痴迷而不能自拔。出现购后冲突的直接原因，是选择某一产品或某一品牌是以放弃别的选择为代价。比如你选择了“海尔”电视机，就意味着放弃了“海信”“长虹”等其他品牌的选择，而后面这些品牌是否一定不如“海尔”，你并没有十足的把握。

1.降低认知冲突的方法

根据费斯廷格(LeonFest－inger)的认知失调理论，当消费者体验到“不和谐”和“冲突”时，他会试图去降低这种冲突。消费者常用的降低冲突或“认知失调”的方法包括：

(1)增加对所选产品的欲求感；

(2)减少对未选择产品的欲求感；

(3)降低购买决策的重要性；

(4)通过退货改变购买决定。

另外，消费者也可以通过搜集更多的外部信息来证实某个选择的明智性。

如果消费者在高冲突和低冲突条件下选择录像带。在高冲突条件下，被选的录像带品质都非常高。所以选择比较困难，但一旦选定某一录像带后，消费者随后对该录像带的评价会随之提高，而对未被选中的录像带的评价则会降低。在低冲突的情况下，其中一盘录像带的品质明显高于其他录像带，消费者在选定该高品质录像带后，由于不存在认知冲突，他随后对同种录像带的偏好在选择前后并没有变化。由此说明，认知冲突或认知失调确实会导致消费者对同一产品在评价上的改变。

2. 影响购后认知冲突强度的因素

有很多因素影响购后认知冲突的强度：

(1)消费者对两个或多个被选品的偏爱程度相当。如果一个产品明显优于其他被选产品，则消费者不会存在认知冲突。

(2)两个被选品虽然在整体评价上不相上下，但在不同的属性上各有千秋。比如其中一个产品在 A 属性上优于另一个产品，但另一个产品在消费者看重的 B 属性上表现更好。如果两个产品在各方面的表现都差不多，则消费者也不会产生认知失调。

(3)消费者具有的选择自由。在没有选择余地的情况下作的购买决定，消费者不会有认知冲突。

(4)购买对消费者很重要或者消费者介入程度很高时，购后冲突越有可能产生。

(5)决定越不容易改变，消费者购后冲突的可能性越大。

(6)个人体验焦虑的程度也会影响购后冲突强度。有的消费者更容易产生焦虑感，从而更有可能产生购后冲突。

二、处理购后冲突的方法

1. 耐心倾听

客户购买了产品之后，在使用的过程出现了问题，导致产品不能正常使用。客户会通过各种渠道(电话、邮件、信访等)抱怨对产品的不满。无论客户是通过哪种渠道投诉，永远记住，不要争辩，要耐心地倾听，把客户的问题点梳理出来，然后在适当时机表达你的观点。

2. 勇于认错

千万不要和你的顾客发脾气，要学会控制情绪，做一个高 EQ 的销售人员。顾客可能很生气，但是你一定要耐心地接受，不要做过分地辩解，只需要认错。尊重顾客是一个称职的销售人员必须具备的素质，即使你知道这个顾客的误会，或者是平白无故地被这个顾客给骂了，你仍然要静静倾听顾客吐苦水，有时在你耐心地倾听之中，顾客的怒气就消了，对顾客的不满也就不知不觉解决了。许多人在顾客尚未表露不满时，就很焦急地想找借口应付他,如果你一再地辩解,顾客会情绪性地产生反感。他的不满一旦严重表现出来,就会带走更多的顾客。

3. 提供解决方案

(1)如果是产品本身的质量问题而引来的不满,首先要诚恳地向客户表示歉意,并表示会在约定期间尽快帮客户把问题处理好。

(2)如果是人为原因造成了产品不能正常使用的情况。首先,我们要肯定客户对我们公司产品认可,感谢客户对我们产品的支持,然后,向客户说明问题原因,表示出现这类问题不在我们的保修范围,再根据客户的问题,向客户提供其他的解决方案。

思考练习

1. 影响消费者购后认知冲突的因素有哪些?
2. 你作为一名客服人员,在顾客投诉时应该怎么做?

学习任务2 售后服务

任务概述

售后服务,就是在商品出售以后所提供的各种服务活动。从推销工作来看,售后服务本身同时也是一种促销手段。在追踪跟进阶段,推销人员要采取各种形式的配合步骤,通过售后服务来提高企业的信誉,扩大产品的市场占有率,提高推销工作的效率及效益。

任务目标

- 理解售后服务的含义和意义。
- 能够正确处理售后服务。
- 了解售后服务的重要性。

学习内容

服务,包括产品介绍、送货、安装、调试、维修、技术培训、上门服务、咨询等。消费者在选购产品时,不仅注意到产品实体本身,在同类产品的质量和性能相似的情况下,更加重视产品的售后服务。因此,企业在提供价廉物美的产品的同时,向消费者提供完善的售后服务,已成为现代企业市场竞争的新焦点。

一、售后服务的含义

售后服务(After - sale Service),是指生产企业、经销商把产品(或服务)销售给消费者之后,为消费者提供的一系列服务。

售后服务包括一系列内容。其中有:

1. 代为消费者安装、调试产品;
2. 根据消费者要求,进行有关使用等方面的技术指导;
3. 保证维修零配件的供应;
4. 负责维修服务,并提供定期维护、定期保养;
5. 为消费者提供定期电话回访或上门回访;
6. 对产品实行“三包”,即包修、包换、包退(许多人认为产品售后服务就是为“三包”,这是一种狭义的理解);
7. 处理消费者来信来访以及电话投诉意见,解答消费者的咨询。同时用各种方式征集消费者对产品质量的意见,并根据情况及时改进。

二、售后服务的做法

1. 耐心聆听

对顾客所说的话要从头到尾耐心地听。一般人如果听到对方重复话题,不免都想阻止对方,于是就说“我知道了”,不想让对方再说下去。但是请你一定把这些反复的话当作重要的环节来耐心地听完。

2. 听出真意

在与顾客谈话的过程中或者是了解、商讨对策的过程中,你要注意听,听出顾客真正的用意在哪里,看他们有什么不满或者抱怨的情形。如果你遇到的顾客表达可能不是特别好,或他讲话方面可能有一些结巴,但是你一定要有耐心,让顾客把他的问题说出来,听出真意。说出不便说或不敢说的话才是重要的。

3. 引导顾客出对策

如果车辆问题实在没有办法解决,也可以让顾客帮你想出对策。当你用心去为顾客服务,用心地关心顾客,顾客会谢谢你,还会做出更大、更好地回馈,为你想出最好的解决烦恼的对策来。

4. 通过服务树立企业形象

在产品同质化日益严重的今天,售后服务作为市场营销的一部分已经成为众厂家和商家争夺消费者心智的重要领地,良好的售后服务是下一次销售前最好的促销,是提升消费者满意度和忠诚度的主要方式,是树立企业口碑和传播企业形象的重要途径。

5. 提升顾客满意度

售后服务作为顾客提出来的要求,厂家或商家做得好坏程度将与顾客的满意程度成正比的关系。售后服务做得好，若能达到顾客提出的要求，顾客的满意度自然会不断提高；反之售后服务工作做得不好或者没有去做，顾客的满意度就会降低，甚至产生极端的不满意。

顾客满意后通常会持续购买自己满意的产品，进行口碑宣传等积极方式进行传播，对提高产品的市场占有率和品牌的美誉度起到强而有力的作用。若顾客因服务不满意，据实证研究结果表明：96% 的消费者遇到服务不周到的情况是不会投诉的，但 90% 的不满意消费者是不会再购买该公司的产品和服务，或将他们的经历告诉至少另外 9 个人，13% 有过不满意经历的消费者会将他们的经历告诉 20 个人以上。

三、售后服务的工具

任何东西的发生，都要有适合的工具。"工欲善其事，必先利其器"，做售后服务也是这样，要有适合的工具，才能更好地发挥作用。

1. 应用在线信息化售后服务工具

这能让企业清晰化售后服务管理，将客户提交的支持请求转换为可以被记录的工单提交给支持服务人员，从而让内部服务人员进行有针对的受理与服务，并根据实际情况对支持请求进行转派和分配，让所有的客户售后服务请求都不会疏漏，体现企业售后服务专业化、清晰化管理。

2. 自定义业务流程并满足企业售后服务的一般流程

这能让所有的售后支持服务受理，分配与管理都遵循这个流程，体现规范化服务，并且大大降低人工操作和人工资源成本，体现售后服务工具在售后与支持服务上的先进性。

3. 统一化服务目标并便于查询和追踪

使用 SLA 服务目标统一化服务目标，让所有的售后支持服务都服从该设定的目标，以让任何客户提交的售后服务请求都在特定的时间和特定的情况下完成，并对不同等级的客户或者用户群体提供不同等级的售后服务，体现服务的标准化。所有的客户售后服务请求都转变成服务工单进行处理和归档，以事务和事件进行归档和处理便于日后的查询、追踪和跟进，避免任何一个售后服务因为人员或者空间的疏忽而造成服务不当，提升管理水平与服务质量。

4. 建立评价制度

售后服务工具的满意度评价和统计分析功能很好地记录客户在对于每一次的售后服务的评分和评价，便于企业记录每一次的售后服务的效果并有效地记录服务内容与服务流程。

5. 利用大数据分析

通过强大的统计和分析功能很好地掌握客户服务人员的绩效和客户满意度评价走势，便于企业针对于售后服务有效进行反映和有针对地改进和完善服务质量。

拓展提高

三 包

“三包”是零售商业企业对所售商品实行“包修、包换、包退”的简称。指商品进入消费领域后，卖方对买方所购物品负责而采取的在一定限期内的一种信用保证办法。

1. 三包凭证

(1)“7 日”规定：产品自售出之日起 7 日内，发生性能故障，消费者可以选择退货、换货或修理。

(2)“15 日”规定：产品自售出之日起 15 日内，发生性能故障，消费者可以选择换货或修理。

(3)“三包有效期”规定：“三包”有效期自提货之日起计算。在国家发布的第一批实施“三包”的 18 种商品中，如彩电、手表等的“三包”有效期，整机分别为半年至 1 年，主要部件为 1 年至 3 年。在“三包”有效期内修理 2 次，仍不能正常使用的产品，消费者可凭修理记录和证明，调换同型号同规格的产品或按有关规定退货，“三包”有效期应扣除因修理占用和无零配件待修的时间。换货后的“三包”有效期自换货之日起重新计算。

(4)“90 日”规定和“30 日”规定：在“三包”有效期内，因生产者未供应零配件，自送修之日起超过 90 日未修好的，修理者应当在修理状况中注明，销售者凭此据免费为消费者调换同型号同规格产品。

(5)“30 日”和“5 年”规定：修理者应保证修理后的产品能够正常使用 30 日以上，生产者应保证在产品停产后 5 年内继续提供符合技术要求的零配件。

(6)“新三包”规定从 1995 年 8 月 25 日起实施，凡在该日以后购买列入“三包”目录的产品，消费者有权要求销售者、修理者、生产者承担“三包”责任。对 1995 年 8 月 25 日以前购买的产品，只能继续按照 1986 年发布的《部分国产家用电器“三包”规定》执行。

2. 义务

销售者应履行的义务：

(1)不能保证实施“三包”规定的，不得销售目录所列产品；

(2)保持销售产品的质量；

(3)执行进货检查验收制度，不符合法定标识要求的，一律不准销售；

(4)产品出售时，应当开箱检验，正确调试，介绍使用维护事项、“三包”方式及修理单位，提供有效发票和“三包”凭证(图 9 -1)；

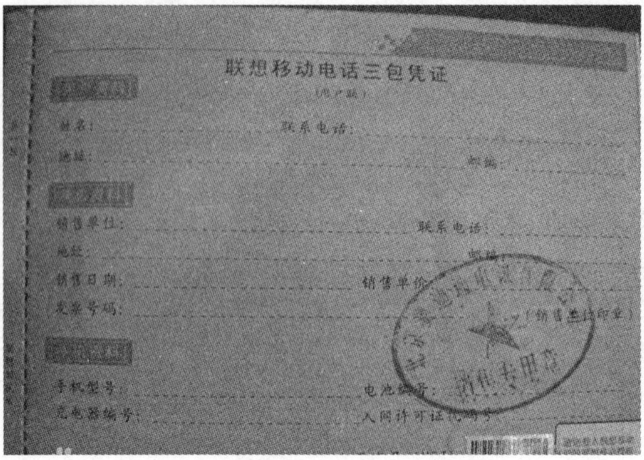
联想移动电话三包凭证

姓名：　　　　联系电话：

地址：　　　　邮编：

销售单位：　　　　联系电话：

地址：　　　　邮编：

销售日期：　　　　销售单位

发票号码：

手机型号：　　　　电池编号：

充电器编号：　　　　入网许可证编号

图 9－1　联想移动电话三包凭证

(5)妥善处理消费者的查询、投诉,并提供服务。

修理者应履行的义务:

(1)承担修理服务业务;

(2)维护销售者、生产者的信誉,不得使用与产品技术要求不符的元器件和零配件。认真记录故障及修理后产品质量状况,保证修理后的产品能够正常使用 30 日以上;

(3)保证修理费用和修理配件全部用于修理,接受销售者、生产者的监督和检查;

(4)承担因自身修理失误造成的责任和损失;

(5)接受消费者有关产品修理质量的查询。

生产者应履行的义务:

(1)明确“三包”方式。生产者自行设置或者指定修理单位的,必须随产品向消费者提供三包凭证,修理单位的名单、地址、联系电话等;

(2)向负责修理的销售者、修理者提供修理技术资料、合格的修理配件,负责培训,提供修理费用。保证在产品停产后 5 年内继续提供符合技术要求的零配件;

(3)妥善处理消费者直接或者间接的查询,并提供服务。

属下列情况之一者,不实行“三包”,但是可以实行收费修理:

(1)消费者因使用、维护、保管不当造成损坏的;

(2)非承担“三包”修理者拆动造成损坏的;

(3)无“三包”凭证及有效发票的;

(4)“三包”凭证型号与修理产品型号不符或者涂改的;

(5)因不可抗拒力造成损坏的。

思考练习

1. 售后服务包括哪些内容?

2. 作为售后服务人员,在面对顾客时,你应该怎么做?

学习任务3 信息反馈

任务概述

交易达成后，不仅要维持良好的售后服务，还要通过与客户的沟通和交流对本产品的信息进行反馈。我们的信息收集有很多方法，本任务内容中，我们将详细讲述信息反馈的方法和渠道。

任务目标

- 了解信息反馈的意义和原则。
- 掌握信息反馈的内容。
- 能够独立进行信息反馈工作。

学习内容

一、信息反馈的意义

1. 提高对市场机会的分辨能力

广泛接触，深挖市场，大量收集销售机会。

2. 提高对营销因素的可控能力

认真对待每一个项目机会，充分利用各种销售技巧和资源能力，争取成功。

3. 提高对市场趋势的预见能力

不定期做市场调查，把握用户满意度，及时进行成败得失分析，发现新产品，延长老产品生命周期，保证市场向好的方向前进。

4. 提高对市场风险的防范能力

当市场出现紧急情况时，及时采取措施，避免风险。发现问题尽快纠正。

二、信息反馈的原则

1. 准确性原则

一定要真实可靠。这是信息收集最基本的要求。收集者要反复核实、不断检验。

2. 全面性原则

一定要广泛全面完整。只有这样才能完整地反映调查对象的全貌，保障科学决策。

3. 时效性原则

信息的利用价值取决于该信息是否能及时地提供。只有信息是“事前”的,对决策才是有效的。

4. 重点原则

对于一个企业来说,工作重点是什么?需要什么样的服务或设备?保留那些使用价值量较大的信息。

5. 计划原则

计划既要考虑当前的需要,这是主要的;又要考虑未来的需要。

三、信息反馈的内容

客户信息包括客户资料、客户需求和影响客户决策的信息三个部分:资料是已经发生的结果,因此基本固定不变;需求会在采购中不断明确;影响项目的其他客户信息在采购中随时发生变化。

信息反馈的内容包括:

1. 背景资料

(1)客户的组织沟通、联系电话、通信地址、网址和邮件地址等;

(2)业务范围,经营和财务现状。

2. 使用现状

(1)同类产品和服务(包括竞争对手)的使用情况;

(2)产品和服务的用途;

(3)客户最近的采购计划以及要解决的问题。

3. 客户个人资料

(1)基本情况:客户的家庭情况、家乡、毕业的大学和专业等等。

(2)兴趣和爱好:喜欢的运动、餐厅和食物,喜欢的书和杂志。

(3)行程:度假计划和行程。

4. 收集客户资料时可能出现不同需求(图9-2)

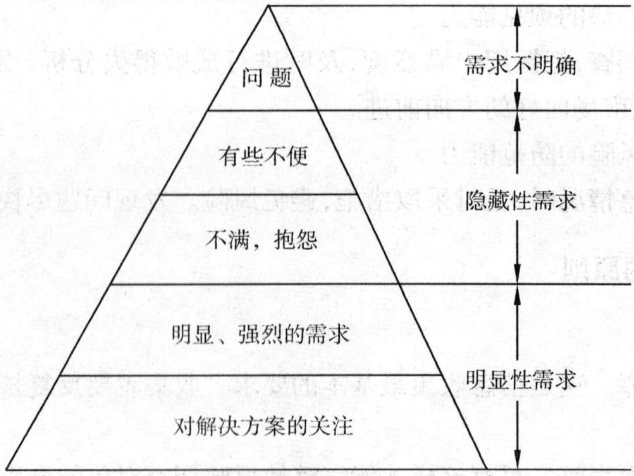

图9-2 客户不同需求分类

(1)明显性需求:客户能将其要求或期望作出清楚的陈述。

(2)隐藏性需求:客户经常以抱怨、不满、抗拒、误解作出陈述。

四、信息反馈的方法

1. 查阅资料

首先是二手资料。能收集到客户信息的公开或半公开发行的二手资料有:公开或半公开发行的报纸;客户公开网站、行业网站;公开发行的杂志(官方杂志和当地电信杂志);竞争对手或合作伙伴公开网站;广播电视等媒体专访、宣传;朋友同事已经掌握的资料;订阅一些有偿的资料分析;公司产品使用地点、使用人员和使用情况。

查阅资料的优点包括:简单,容易,成本低;大部分信息是准确的,所以这种方法是主要方法。缺点包括:时效性差,有些信息是正确的,有些只能作为参考,需要核实。

2. 问询法

(1)直接拜访调查法:

①非正式面谈:是在事前毫无计划及准备的情况下进行的,实际上是一种临时讨论。这种方式往往于不经意间发现应聘者的实际情况,有助于甄别人才。但是,如果招聘者组织不好,则往往效果不好,特别是面试人多的时候会出现混乱,甚至会毫无所获。所以,一般人多且正式的遴选工作不会采用这种方式。

②标准式面谈:是与非正式面谈相对应的另一种极端。也叫计分面谈或组织面谈。系事先安排一整套结构严格的面谈问题,并配有计分标准。视申请人的不同回答来计分。这种方法由于太死板,缺乏弹性,适应性不强,不利于发挥面谈的作用。

③导向式面谈:是上述两种方式的折中方案。即只规定提问若干典型问题,主持人灵活掌握,引导应征者回答各有关问题,根据需要,深浅适度,从而获得其一切情况。这种方法又叫典型面谈或引导面谈。很多企业采用这种面谈方式。

(2)电话调查法:电话访问调查的程序:①确定调查题目或提纲;②向被调查者打电话;③整理记录并报告调查结果。

(3)邮递调查法:邮递调查的程序:①确定调查题目并设计问卷;②正式调查包括试验调查和正式调查;③回收问卷;④整理问卷并报告结果。

(4)互联网调查法:互联网调查的主要形式:电子邮箱调查、互动式调查、弹出式调查、固定样本组调查。

根据调查方法的不同,网络调查可分为网上问卷调查法、网上讨论法、网上实验法和网上观察法等。互联网调查法的过程:确定调查题目并设计问卷;正式调查发送电子邮件;被调查者接受并回传电子邮件;整理问卷并报告结果。

3. 观察法

具体从略。

拓展提高

信息反馈表

敬请您填写以下信息反馈表，并发送电子邮件至 wuxm_its@ tcamsun. com. cn，我们的工作人员收到邮件后会在 3 个工作日内与您联系，并为您提供更为详尽的服务。谢谢！

* 贵公司名称		公司网站	
所属行业		主营业务	
* 贵公司地址		* 邮编	
* 您的姓名		所在部门	
职务		* E-mail	
* 电话/手机		传真	

一、您在决策过程中起到什么作用？

A. 决策者　　B. 决策影响者　　C. 评估者　　D. 实施者　　E. 用户

二、贵机构有多少名员工？

A. 不足 100　　B. 100 ~ 499　　C. 500 ~ 999　　D. 1 000 ~ 4 999

E. 5 000 ~ 24 999　　F. 25 000 以上

三、请说明贵机构的年收入水平（美元）

A. 500 万元　　B. 500 ~ 1 500 万元　　C. 1 600 ~ 3 000 万元　　D. 3 100 ~ 5 000 万元

E. 5 100 ~ 10 000 万元　　F. 1.01 ~ 2.5 亿元　　G. 2.51 ~ 5 亿元　　H. >5 亿元

四、你目前是否有项目预算？　□有　　□元

五、贵单位目前 PC 数量

A. <100　　B. 100 ~ 500　　C. 500 ~ 1 000　　D. >1 000

六、贵单位目前 X86 服务器/或刀片服务器数量

A. >20　　B. 20 ~ 60　　C. 60 ~ 120　　D. >120

七、X86 服务器品牌

A. IBM　　B. HP　　C. DELL　　D. 联想　　E. 其他

八、贵单位每年新增购买 X86 服务器数量

A. <10　　B. 10 ~ 40　　C. 40 ~ 80　　D. >80

（续表）

九、贵单位是否已经存在集中存储架构？ □是 □否 如有，为哪种类型？ A. DAS B. NAS C. SAN D. ISCSIE. 无
十、您关心当前服务器的性能和利用率吗？ □是 □否 目前利用率是多少？
十一、您是否希望通过单一管理界面，管理全部 X86 服务器资源？ □是 □否
十二、您了解虚拟化技术及解决方案吗？ □是 □否
十三、您了解过哪个厂商的虚拟化产品？ A. VMware B. Microsoft C. Citrix D. VIRTUAL IRON
十四、您已拥有或打算采用什么类型的处理器平台来进行虚拟化？ A. Intel B. AMD C. Sun D. 其他
十五、您近期有计划采用虚拟化方案吗？ □是 □否 若有，预计采购时间会是？ A. <3 个月 B. 3～6 个月 C. 6～12 个月 D. >1 年
十六、如果贵单位正在考虑实施虚拟化产品/解决方案，我们如何能帮助您？ A. 我打算在近期实施一个虚拟化产品/解决方案，请让贵公司销售代表打电话与我联系。 B. 请通过电子邮件为我提供更多信息。

* 标注为必填项

思考练习

1. 在进行产品和服务的信息反馈时，应搜集那些信息？
2. 在进行信息反馈时，应注意哪些原则？

单元要点归纳

从心理学角度看，购后冲突是由于认知失调所引起。所谓认知失调，就是两个认知之间出现逻辑上的不一致。

解决消费者购后冲突的态度：采取客观态度和谦让的精神；采取礼让的态度求得缓解；态度鲜明，与人为善；采取转移视线的方法缓解冲突；保持距离，自我克制。

处理购后冲突的方法：耐心倾听，勇于认错，提供解决方案。

售后服务（After - sale Service），是指生产企业、经销商把产品（或服务）销售给消费者之后，为消费者提供的一系列服务。

售后服务的重要性：售后服务是保持顾客满意度、忠诚度的有效举措；售后服务是企业摆脱价格大战的一剂良方；良好的售后服务是下一次销售前最好的促销；良好的售后服务，是名牌产品、名牌企业的素质标志；良好的售后服务本身也是一种盈利点。

案例分析

在汽车业界有一句古老的名言：“第一辆车是销售人员卖出去的，可第二、三辆车是售后服务人员卖出去的”，可见售后服务的重要性。

目前，各汽车厂家加大研发力度，持续升级的价格战，致使汽车已由卖方市场转到了买方市场，不断压缩新车销售利润，导致厂商对价值链的争夺已经由整车销售逐步渗透至售后市场；再加上同一级别的车型日趋于同质化，消费者越来越看重售后服务，因此各汽车厂商将售后服务提到战略的高度。因此，深入了解消费者的保养维修习惯、服务品牌认知、车主对目前售后服务的评价，对开展售后服务工作是极其必要的。作为汽车销售人员，你应该怎样对你的客户进行维护？

模拟训练

如果你是苏宁电器公司的售后服务人员，顾客在购买冰箱后，冰箱出现了自动断电并噪音很大，回来要个说法，你该怎样做？请同学们进行角色扮演。

第十单元　综合案例分析

单元概述

本单元主要介绍了推销案例，学生通过对案例的分析，学习经典案例中的推销策略与技巧。紧接着的推销模拟实习，有助于帮助学生在模拟实训中感悟推销人员真实的工作，为以后走向社会打下坚实的基础。

单元目标

- 分析经典案例中的推销策略与技巧。
- 体会推销工作，在模拟实训中提升推销技能。

学习任务1 案例分析

任务概述

运用所学的知识对推销案例进行分析，学习案例中的推销方式，为推销模拟训练积累知识与经验。

任务目标

- 运用所学推销知识对案例进行分析。

学习内容

案例分析一

有一天，某百货商店箱包柜进来一位年轻顾客买箱子。一会儿看牛皮箱，一会儿又挑人造革箱，挑来挑去拿不定主意。这时，营业员小戚上前招呼，并了解到该顾客是为出国所用，便马上把106 cm牛津滑轮箱介绍给顾客，并说明了飞机持箱的规定，最大不超过106 cm。牛津箱体轻，又有滑轮，携带较方便，价格比牛皮箱便宜得多。年轻人听了觉得他讲得头头是道、合情合理，而且丝丝入扣、正中下怀，于是就选定了滑轮箱高兴而去了。

问题：

(1)小戚在推销时运用了怎样的推销观念？

(2)顾客为什么觉得小戚讲的丝丝入扣、正中下怀？

(3)小戚的成功推销给你什么启示？

案例分析二

在一个展会上，很多人都被一束闪耀的光环所吸引，纷纷追踪光环的来源。原来是一个展台前的销售人员拿着一个特大号的五光十色的捻捻转儿在玩。之间柜台上竖立着一个漂亮宣传卡，上面写着："××抗衰老酒……献给具有营养学知识的朋友们。"

见有这么多客户围上来，销售员立刻宣传这种抗衰老酒的功效和作用，他说："这种酒是送给中老年人最好的礼物，可以延年益寿、有益健康。"他的言辞是很多客户感到自己买这种酒送给父母、亲友、领导等都很适合，从而激发了他们的购买欲望。销售员这一吸引策略和精心设计获得了巨大的成功。

问题：

(1)这个推销人员的成功之处，就在于它运用了哪种销售模式？

(2)这种销售模式要经过几种不同的发展阶段？适用于哪些情况？

案例分析三

有一个推销人员当着一大群客户推销一种钢化玻璃酒杯。在他进行完商品说明之后，开始向客户做商品示范，就是把一只钢化玻璃杯扔在地上而不会破碎。可是他碰巧拿了一支质量没有过关的杯子，猛地一扔，酒杯摔碎了。这样的事情在他整个推销酒杯过程中还没有发生过，大大出乎他的意料，他自己也感到很吃惊，而客户呢，更是目瞪口呆，因为他们原先已经十分相信这个推销人员的推销说明，只是想亲眼看看得到一个证明罢了，结果却出现了如此尴尬的沉默局面。此时，推销人员也不知所措，没了主意，任这种沉默继续下去，不到3秒钟，便有客户拂袖而去，交易因此惨败。

问题：

(1)推销人员错在哪里？

(2)当意外发生时，推销人员的不知所措说明他缺乏推销人员的应具备的哪些能力？他应该怎么做？

案例分析四

小李是某一售房部的销售员，她每天回售房部听半小时课，然后便带上资料去到人流最多的商场、酒店门口派宣传单，对一个个经过的路人，或者是对一条街一个小区的尽可能所有门户进行登门"拜访"。

问题：

(1)小李为什么要"扫街"？她采用什么方法来寻找顾客？

(2)这种寻找顾客的方法有什么优缺点？

(3)使用这种方法的过程中应注意什么问题？

案例分析五

小张是某铝厂的销售员，他第一天至A市，就购买了份最新的《A市工商企业电话号码簿》，并从中找出了铝制品加工企业200多家。根据各个企业的地址和距离远近，小张制订了详细拜访计划：一是对这200多家企业逐一进行电话拜访，预约见面。二是对同意见面的企业，立刻实施拜访。三是对未同意见面的企业，如果距离近也进行一次拜访，完成资料传递和收集工作，并争取建立合作关系。按照这份计划完成，小张对A市所有铝制品企业有了全面了解，为日后顾客开发建立了完整的资料。

问题：

(1)小张是怎样在A市找出了200多家铝制品加工企业的？这是哪种寻找顾客的方法？

(2)这种寻找顾客的方法有什么优缺点?

(3)使用这种寻找顾客方法的过程中应注意什么问题?

案例分析六

一名推销人员与某机电公司的购货代理商接洽了半年多时间,但始终未能达成交易,这位推销人员感到很纳闷,不知道问题出在哪里。思忖之余,他怀疑自己是否与一个没有决策权的人打交道。为了消除自己的疑虑,他给这家机电公司的总机打了一个匿名电话,询问哪一位先生负责购买机电订货事宜,最后从侧面了解到把持进货决定权的是公司的总工程师,而不是那个同自己交往多次的购货代理商。

问题:

(1)这名推销人员为何半年多时间始终未能与机电公司的购货代理商达成交易?

(2)推销人员在确定访问对象时应注意哪些方面的问题?

案例分析七

有一次,一个推销人员向一位律师推销保险。律师很年轻,对保险没有兴趣,但推销人员离开时的一句话却引起了他的兴趣。

推销人员说:“安德森先生,如果允许的话,我愿继续与您保持联络,我深信您前程远大。”

“前程远大,何以见得?”听口气,好像是怀疑推销人员在讨好他。

“几周前,我听了您在州长会议上的演讲,那是我听过的最好一次演讲,这不是我一个人的意见,很多人都这么说。”

听了这番话,他竟有点喜形于色了。推销人员请教他如何学会当众演讲的,他的话匣子就打开了,说得眉飞色舞。临别时他说:“欢迎您随时来访”。

没过几年,他就成为当地非常成功的一位律师。推销人员和他保持联系,最后成了好朋友,保险生意自然也越来越多。

问题:

(1)请说出本案推销人员采用的是哪种接近顾客的方法?

(2)这种方法在使用中应注意哪些问题?

案例分析八

美国有位儿童用品推销人员从一本工商名录里查到纽约市梅西斯商场的名字,便带着婴儿车走进商场的营业部。在那里,他发现各类童车一应俱全,经营规模很可观,于是向一女店员打听采购经理的办公地点并核实经理姓名。当他跨进办公室向经理打过招呼后,就不动声色地把带来的轻便婴儿车给经理看,经理一看便问:“什么价钱?”

他立即递给经理一份内容详细的价目表,经理端详一番后,果断地说:“送6打来,全要蓝色的”。

“你不想听听产品的介绍?”他问。“不用了,”经理说:“产品和价目表已经告诉我所需要了解的全部情况了。"

于是,购销合同很快就签订了。推销人员自始至终只说过一句话。经理在他临走时说"我喜欢你这种推销方式,和你做生意真痛快!请随时再来!

问题:

(1)请说出这位推销人员采用的是哪种接近顾客的方法?

(2)这种方法在使用时还有哪些局限性?

案例分析九

销售员小李来到一家超市。

小李:王老板在吗?我是大晔公司销售人员李健,在百忙中打扰您。我是本地区的销售人员,经常经过贵店。看到贵店一直生意都是那么好,实在不简单。

王老板:您过奖了,生意只能说还可以吧。

小李:贵店对客户的态度非常亲切,王老板对贵店员工的教育训练,一定非常用心,我也常常到别家店,但像贵店服务态度这么好的实在是少数;刘街的刘老板,对您的经营管理也相当钦佩。

王老板:刘老板是这样说的吗?刘老板经营的店也是非常的好,事实上他也是我一直为目标的学习对象。

小李:王老板果然不同凡响,刘老板也是以您为模仿的刘象,不瞒您说,刘老板昨天换了一台新功能的收银机,非常高兴,才提及王老板的事情,因此,今天我才来打扰您!

王老板:喔!他换了一台新的收银机呀?

小李:是的,王老板是否也考虑更换新的收银机呢?目前您的收银机虽然也不错,但是如果能够使用一台有更多的功能、速度也较快的新型收银机,让您的客户不用排队等太久,因而会更喜欢光临您的店。请王老板一定要考虑这台新的收银机。

问题:

(1)你认为本案例中的推消人员小李有希望成功将收银机推销给王老板吗?

(2)小李运用了什么样的开谈技巧?

案例分析十

一位推销人员正在向客户推销一种箱包,推销人员:"这是今年的新款。"顾客:"不会吧,你们的产品比其他品牌要贵那么多?"

推销人员:"确实,我们的产品价格比较高,但您应该知道,我们的原材料、生产线……都是一流的,为了保证产品质量,维护消费者权益,我们还……"

问题:

(1)客户提出的异议是什么?

(2)推销人员用质量做挡箭牌采用了什么处理异议的方法?这种方法在使用时运用的条件和应注意的问题是什么?

案例分析十一

在一次冰箱展销会上，一位打算购买冰箱的顾客指着不远处的一台冰箱对身边的推销人员说："那种AE牌的冰箱和你们的这种冰箱同一类型、同一规格、同一星级，可是它的制冷速度要比你们的快，噪音也要小一些，而且冷冻室比你们的大12升，看来你们的冰箱不如AE牌的呀！"推销人员回答说："是的，你说得不错，我们冰箱噪声是大点，但仍然在国家标准允许的范围以内，不会影响到你家人的生活与健康，我们的冰箱制冷速度慢，可费电量却比AE牌冰箱少得多。我们冰箱的冷冻室小但冷藏室很大，能储藏更多的食物，你一家三口人，能有多少东西需要冰冻呢？再说我们的冰箱在价格上要比AE牌冰箱便宜300元，保修期也要长6年，我们还可以上门维修。"顾客听了，脸上露出欣然之色。

问题：

(1)客户提出的异议是什么？

(2)推销人员采用了什么处理异议的方法？这种方法使用时运用的条件和应注意的问题是什么？

案例分析十二

一个办公用品推销人员到某单位办公室推销一种纸张粉碎机。办公室主任在听完产品介绍后摆弄起这台机器，并自言自语道："东西倒很适用，只是办公室这些小青年，毛手毛脚，只怕没用两天就坏了。"

推销人员一听，马上接着说："这样好了，明天我把货送来时，顺便把纸张粉碎机的使用方法和注意事项给大家讲一下。这是我的名片，如果使用中出现故障，请随时与我联系，我们负责修理。主任，如果没有其他问题，我们就这么定了？"

问题：

(1)推销人员采用了哪种方法促成交易的？

(2)推销人员采用此种成交方法时需要注意什么？

案例分析十三

推销人员："师傅，这种商品是刚刚上市的新产品，质量好，款式新，且这里是独家经营的，您看是否让我帮您挑选，保你满意。"

顾客："我也知道，产品是不错的，就是价格太贵了一些。

推销人员："对了嘛，您看我这里的产品是相当不错的，别的地方还买不到，像您这样身份的人，我看这种价格一定是承受得了的。我帮您挑选一下，您先看看，看看又不要紧的。"

顾客："这……"一边在犹豫，一边不由自主地跟着推销人员去挑选商品了。

问题：

(1)推销人员用的是一种什么成交法？

(2)用这种方法是根据顾客的哪种心理来推测的，有成功的把握吗？

(3)若站在顾客的角度,请分析一下能接受推销人员的这种方法吗?

案例分析十四

一位下岗女工生活贫困,也没有什么所谓的高级社交圈子,一个偶然的机会让她加入到汽车经纪人的行列。她是一个低调、朴实、善良的女士,处处为人着想。

一天,一个穿着怪异、留着小辫子的年轻人跨进了这位汽车经纪人所在的4S专卖店,嚷嚷着要买一部奥迪轿车。看着小伙子风风火火的样子,以及他略显稚气的脸,这位女士犹豫了。不过,她还是热情地接待了这个小伙子,仔细地为他介绍,并约定改日办理相关手续。

在闲聊的时候,这位女士无意中得知小伙子的父亲是一家大型集团公司的老总,哪怕这个小伙子买不起汽车,他的父亲也一定会满足儿子的愿望。但是善良的汽车经纪人觉得心里不踏实,不知道这个毛糙的小伙子开车会不会出事,那么她情愿不把车子卖给他。

她马上拨通这个小伙子父亲的电话,说明打电话的原因,并且道出自己的担忧:“看他风风火火的样子,我真的是有些担心。我只是想向您证实您的儿子真的会开车吗?我好担心他今天买车,明天就会撞车。”

电话那头传来了那个中年男人的声音:“谢谢你的好意!不过你不必担心,我儿子现在是一家广告公司的策划总监,已有几年的驾驶经验了。不过他做事的方式从来没有改变过。”电话挂线后,汽车经纪人吁了一口气,可是她万万没有想到,因为这个电话,那个小伙子的父亲为她介绍了一笔16辆车的订单!她真的乐坏了!

几年后,这位善良的女士成了汽车销售公司的金牌汽车经纪人和明星员工,可是她依然难以忘却那天的一通电话。她当时的梦想只是通过自己的努力过上幸福的生活,服务好客户罢了。

问题:

(1)这位女士具备哪些销售人员的素质?

(2)你应该如何对待今后的销售工作?

案例分析十五

小周是某零售商店的销售员。一个星期五的早晨,李小姐走进店里,告诉小周说她正在寻找新式手机,希望购买一部价格在5 000~8 000元之间的手机,并且看上展示架上那一部标价6 750元的手机。

当小周把这一部手机的优点详细向李小姐说明之后,李小姐问道:“这种型号的手机最优惠的价格是多少钱呢?”

小周立刻回答:“算您6 500元吧!”

李小姐决定要购买了,立刻在订单上签名并付款。他在感谢李小姐的惠顾之后,随即走进仓库里去取货。

大约过了1分钟,小周回到柜台,以下是他们两个人的对话:

小周:“李小姐,非常抱歉,您所要的那种型号已经没货了,本公司设在武昌的零售商店可能还有货，该店距此只不过15公里，您愿意到那里买吗？”

李小姐：“我没有时间到那里去，可以请商店的人送过来吗？”

小周：“今天恐怕没有人可以送过来，下星期一我们会补足您所要的货品，到时您就可以在这里买到了。”

李小姐：“真不巧！我今天一定要买到，因为明天晚上我要举办一个晚会，希望有一部崭新的手机，为何你们偏偏缺少了我所看上的那一部手机呢？”

小周：“非常抱歉，我没有注意到我们店里已经没有那种型号的手机了。”

李小姐：“这不是您的错，但是却让我感到很遗憾，我可以到其他地方买到功能类似的手机。真扫兴，请您把订单取消，把钱退还给我。”

问题：

(1)小周错在什么地方？

(2)遇到这种情况你该怎么办？

学习任务2 模拟训练

任务概述

运用所学推销知识、推销的策略与方法，进行推销模拟训练，提高学生的推销实践能力。

任务目标

- 掌握推销技能，熟练使用推销技巧与方法。

学习内容

实训项目一

1. 实训目的与要求

熟练运用各种推销模式顺利推销产品。

2. 实训内容

各组在以下产品中任选一种，用本节所学推销模式进行推销演示：手机、英语词典、意外伤害险、化妆品、笔记本电脑、时尚杂志、汽车。

3. 实训资料

(1)产品资料；

(2)相关证据。

4. 实训过程

(1)各组任选一种产品;

(2)各组收集有关这项产品和竞争对手的信息和资料;

(3)进行现场推销模式的展示;

(4)点评。

实训项目二

1. 实训目的与要求

实际体验与认知,如何分析准顾客。

2. 实训内容

根据已给资料分析顾客购买行为,从而判断是否是目标顾客。

3. 实训资料

仔细阅读下列一消费者的有关资料,根据本章所学内容和市场营销学相关知识,对其购买行为作出分析。

林梅,女,35 岁,已婚,研究生学历,在成都市一家规模很大的房地产开发公司担任地区销售经理,收入较高,拥有一所位于高档社区内的大面积公寓和一部价值十几万元的汽车,属于典型的白领一族。她现在想购买一台笔记本电脑。她面临多种品牌的选择。

(1)她购买笔记本电脑的动机是什么?请列举三种可能。

(2)她对收集笔记本电脑信息的来源可能有哪些?请列举三种以上,并说出哪种信息来源对她作出购买决策影响最大。

(3)她的购买决策如何受到她的文化因素的影响?

(4)她所处的社会阶层如何影响她的购买决策?

(5)她所处的社会群体包括家庭等如何影响她的购买决策?

(6)她的年龄、职业、经济环境和生活方式如何影响她的购买决策?

(7)她购买笔记本电脑的行为属于哪种购买行为?请说明理由。

(8)她是购买决策参与者中的哪一种角色?还有哪些可能的角色会参与她的购买行为?如何参与?

(9)请根据你对林梅这类人群的了解,指出她对笔记本电脑评价的属性有哪些(比如价格、外观等)?将这些属性按照对她的重要程度排列,并说明理由。

4. 实训过程

(1)阅读消费者的有关资料;

(2)根据所学内容和市场营销学相关知识,对其购买行为作出分析;

(3)从而判断是否是目标顾客。

实训项目三

1. 实训目的与要求

熟练运用顾客信息搜集的方法。

2. 实训内容

假设你是诺基亚的手机销售人员,学院内的师生是你的潜在顾客。请运用各种信息搜集的途径与方法收集学院内师生(一个人/一个办公室/一个班集体/一个宿舍)的相关信息。并进行顾客信息整理,力求从中找到推销机会。

3. 实训资料

推销对象分析。

4. 实训过程

(1)将参加实训的学生按6人/组,分成若干小组;

(2)小组先讨论应运用何种信息搜集途径和方法;

(3)小组讨论并分工合作;

(4)利用课余时间搜集信息;

(5)最后整理出顾客的信息资料,得出推销机会评估报告。

5. 实训条件

学校的校园

实训项目四

1. 实训目的与要求

熟练运用打电话约见顾客的方法与技巧。

2. 实训内容

根据背景打约见电话。

3. 实训资料

你是中国电信的销售经理。星期一早上刚上班,你的经理走到你的办公桌前,把一张名片交给你说:"这是AB公司马经理的名片,这位马经理我还没见过。这张名片是我们的另外一位顾客给我的,那位顾客和AB公司之间有业务关系,并了解到AB公司目前要进行企业内部通讯管理改革,可能要对原来的电话小总机进行改装。你按名片上的电话号码给马经理打个电话,最好这周和他约个时间见面谈谈。到时候我可以和你一起去,时间你和马经理约好了再通知我。"

请给马经理打约见电话。

4. 实训过程

(1)阅读已给背景资料;

(2)根据已给背景资料打约见电话。

5. 实训条件

教室

实训项目五

1. 实训目的与要求

熟练运用推销接近的方法与技巧。

2. 实训内容

进行推销接近方法的情景模拟演练。

3. 实训资料

销售代表:你是 C 公司的销售代表王明。今天你将初次拜访 A 公司的技术部门的李主任。A 公司这几年一直购买竞争厂家 B 的产品,期间也偶有购买过你公司的产品,但订单的量都是很少的。但你坚信你公司的产品并不比竞争厂家 B 的差,甚至有比竞争对手更具吸引力的捆绑优惠、更好的售后服务。最近,据可靠的消息来源,A 公司近期又将有一批采购计划,而负责这一采购计划的就是技术部门的李主任。今天,你决定全力以赴,力求在这次的拜访中打动顾客,争取订单。

李主任:你是 A 公司的技术部门的主任,公司近期将有一批采购计划,而你正是负责这一采购计划的责任人。以往同类的采购基本上都是向 B 公司购买的,当然也有少量是向 C 公司购买的。在众多的供货商中,你对这两家公司的产品相对比较认同。今天,你将接受 C 公司的销售代表王明的拜访,如果王明能打动你的话,你将有可能向 C 公司购买。

4. 实训过程

(1)以小组为单位分角色进行演练。每位成员都要参与讨论并轮流进行演练。每次演练时,派出一人演推销人员,一个演顾客,其他组员都要当观察员。每一轮演练结束后,观察员要给演推销人员的同学打分,给出评价建议,以使演练的同学能在下一轮的演练中有更令人满意的表现。

(2)每组派一个表现好的"推销人员"代表小组参加班上的交流,并记作小组成绩。

5. 实训条件

全班同学提前按 5 ~6 人/组进行分组

实训项目六

1. 实训目的和要求

通过训练,综合考查学生对相关推销技术知识的债务承担与灵活运用知识指导实际推销活动的能力。正确分析推销过程中的影响因素,并有针对性地利用各种技能技巧开展推销活动。

2. 实训内容

(1)以小组为单位选择小商品面向本班同学、其他专业学生和教职工进行推销;

(2)小组销售目标明确,销售计划可行;

(3)小组分工得当,组织合理,每位成员积极参与;

(4)小组成员完成相应推销任务。

3. 实训过程及要求

(1)各组选择商品,制订推销方案;

(2)各组派代表到台上给大家演示和说明自己的推销方案;

(3)各组先自己模拟一遍,找出问题和不足;

(4)各组进行推销;

(5)要求:资料、人员各组自己安排。

4. 组织学生评价

每组演练完后立即组织全班讨论讲评,并提出后续各组完善的要求。

参考文献

1 李先国.销售管理.3版.北京:中国人民大学出版社,2012
2 李先国.市场营销学.大连:东北财经大学出版社,2011
3 李文国.现代推销技术.北京:清华大学出版社,2012
4 田玉来.现代推销技术.北京:人民邮电出版社,2013
5 方其.商务谈判.3版.北京:中国人民大学出版社,2011
6 吴健安.现代推销理论与技巧.2版.北京:高等教育出版社,2012
7 符国群.消费者行为学.2版.北京:高等教育出版社,2010
8 郭国庆.服务营销管理.2版.北京:中国人民大学出版社,2009
9 哈罗德孔慈. 管理学.北京:经济科学出版社,1993
10 刘振溪.推销理论与实务.北京:中国人民大学出版社,2011
11 孙斌艺.整合营销沟通.上海:上海人民出版社,2006
12 魏雪. 现代市场营销沟通.北京:电子工业出版社,2005
13 [美]查尔斯·W.小兰姆,等.营销学精要.大连:东北财经大学出版社,2000
14 [美]诺埃尔·凯普,等.21世纪的营销管理.上海:上海人民出版社,2003
15 [美]小卡尔·迈克丹尼尔,等.当代市场调研.2000
16 萨布哈什·C.杰恩.市场营销策划与战略.北京:中信出版社,2004
17 [美]迈克尔·波特.竞争战略.北京:华夏出版社,1997
18 [英]罗斯玛丽·菲普斯. 营销客户管理.北京:经济管理出版社,2005
19 Philip Kotler. Marketing Management (10th ed). prentice-Hall, inc, 2000
20 Perreault, McCarthy. Basic Marketing (12th ed). Richard D Irwin 1996
21 Warren J. Keegan. Global Marketing Management (5th ed) prentice-Hall. inc. 1995
22 Valued Prduct Attributes in an Emerging Market-A Comparison Between French and Malaysian Consumers